Die Kunst ist eine Tochter der Freiheit!

Friedrich Schiller

Das Buch beschreibt auf einfache und sanft ironische Weise, wie man die Malerei für sich entdecken kann. Die ersten naiven Schritte, die erste Freude am Tun und am Ergebnis. Was ist Form, Farbe, Raum, wie sollte man malen und vor allem, was sollte man malen, wenn alles bereits gemalt und erforscht zu sein scheint? Und lohnt es sich, professionell den manchmal so steinigen Weg der Kunst zu gehen? Es ist ein lebendiges Buch voller Tricks, die von Malern der heutigen Zeit häufig und gerne benutzt werden und die das Malen auf faszinierende Weise vereinfachen.
Der Autor ermuntert seine Leserinnen und Leser dazu, ihrem Traum zu folgen, und steht ihnen auch in den unausweichlichen Phasen des Zweifelns mit nützlichen Tipps zur Seite.
Denn er will mit ihnen gemeinsam einen spannenden Weg gehen: den Weg des Künstlers

Be´shan, 1970 in Tiflis/Georgien geboren, lebt und arbeitet als Künstler, Autor und Kunsttherapeut in Hamburg.

BE´SHAN

DAS GLÜCK DES KÜNSTLERS

Von der Magie des Malens

Aus Gründen der besseren Lesbarkeit wird darauf verzichtet, geschlechtsspezifische Formulierungen zu verwenden. Soweit Bezeichnungen nur in männlicher Form angeführt sind, beziehen sie sich auf Männer und Frauen in gleicher Weise.

Umschlaggestaltung: Be´shan
Foto: Cora Engel

Lektorat: Gabriele Koske

Herstellung und Verlag: BoD – Books on Demand, Norderstedt

ISBN: 978-3-7460-1629-0

Mehr Information über den Autor:

www.beshan-art.de
www.kunsterlebnisse.com

Inhalt

Warum ein Leben mit Kunst?

Was treibt heutzutage Menschen an, Künstler zu werden? Künstler leben doch in ihrer eigenen, schwer zugänglichen Welt und Kunst ist auch nichts, mit dem man Geld verdienen kann. So denken viele Menschen. Doch beides stimmt nicht. Kunst ist nichts Abgehobenes, sondern etwas, zu dem jeder Mensch fähig ist, jeder Mensch hat künstlerisches Potenzial. Und brotlos muss Kunst auch nicht sein. Kunst kann zum teuersten Gut der Welt werden (einige Bilder erzielen heute auf den Auktionen Preise über 200 Millionen Dollar). Aber es geht natürlich um viel mehr. Menschen haben einfach Freude daran, sich mit Hilfe der Farben und Formen auszudrücken. Denn hat man den Pinsel erst einmal in die Hand genommen, ist es für viele ein für alle Mal vorbei mit der Langweile, irgendetwas treibt sie ständig an, zu schaffen und sich regelrecht zu verausgaben.

Dieses Buch soll Menschen jeden Alters ermutigen, es doch einmal mit der Kunst zu versuchen. Sich zu trauen, innezuhalten und etwas zu wagen, was sie noch nie gewagt haben: das Malen. Und vielleicht wird es zu Ihrer Passion und trägt sogar dazu bei, dass Sie das Malen zu Ihrem Beruf machen und zum anerkannten Künstler werden.

Erste Schritte

Was ist Malerei?

Um diese Frage zu beantworten, genügt es, ein Buch über Vincent van Gogh aufzuschlagen und sich seine Bilder anzusehen. Die wahre Malerei braucht keine Analysen und Erklärungen wie die kopflastige, oft verwirrende Kunst von heute. Bilder sieht man und fühlt man. Beim Betrachten eines Bildes von van Gogh steigt sofort der süße Duft vergangener Zeiten auf, es tun sich Landschaften auf, die man beinah greifen kann. Sie leben, atmen und laden dich zur Reise in die wundersame vergangene Zeit ein. Sie erzählen dir etwas. Es ist, als ob das, was du da anschaust, gerade in diesem Moment passiert, du bist kein fremder Betrachter, sondern stehst mittendrin in der Szene, bist ein Teil von ihr. Eine solche Malerei ist zeitlos und unvergänglich, grenzt fast an Zauberei. Auch wenn sie verfremdet, wenn es Farben gibt, die so gar nicht in der Realität vorkommen.

Die Bilder wirken!

Und genau darauf kommt es in der Malerei an, ein Bild muss auf den Betrachter wirken. Es muss so stark wirken, dass er ein Teil von ihm wird.

Bei jedem guten Bild hat der Betrachter das Gefühl, das Bild riechen zu können, selbst wenn er nur eine Reproduktion und nicht das Original vor sich hat (manchmal sehen die Reproduktionen sogar besser aus). Die Bildgegenstände müssen so gestaltet sein, dass ihr Duft beim Betrachten sofort in die Nase steigt. Sieht man ein Meer, muss das Bild die Frische des Meeres wiedergeben. Sieht man Heu, sollte der Betrachter das Gefühl haben, geradewegs aus einem Heuschober zu kommen. Bei einem Akt muss das Bild nach warmem Körper duften und uns erotisch anziehen. Ein Maler ist zugleich ein Entführer, ein Zauberer, der uns aus dem tristen Alltag entführt. Somit erschafft er eine Illusion, im positiven Sinne des Wortes.

Kandinsky schrieb einst, dass es viel interessanter sei, das zu malen, was noch nicht da ist, statt abzumalen, was schon da ist. Er schlägt damit die Brücke zur modernen abstrakten, freien Malerei. Kandinsky haben wir es zu verdanken, dass wir heute sogar einen einzigen blauen Strich auf der großen Leinwand als Kunst verstehen können.

Es war bereits die Rede davon, dass es kaum etwas Materielles gibt, das so teuer verkauft wird wie Werke der bildenden Kunst, insbesondere der Malerei. Auch wenn dies absurd erscheinen mag angesichts der Tatsache, dass es sich ja „nur" um bemalte Leinwand handelt, zeigt sich daran die Kraft, die unglaubliche Kraft des künstlerischen Schaffens. Malerei bedeutet viel mehr als ein Stück bemalte Leinwand.

Auch wenn viele uns einreden wollten, die Malerei wäre tot:

Die Malerei boomt!

Egal, wie modern und digital der Mensch auch geworden ist, das Bedürfnis nach Malerei ist geblieben. Es ist geblieben und ist sogar im Wachsen begriffen. Heute malt die ganze Welt – noch nie wurde so viel gemalt wie heute. Sogar die Supermärkte verkaufen schon Leinwände und Künstlerbedarf.

Fangen auch Sie lieber heute als morgen an!

Kann ich überhaupt malen?

Mit Sicherheit ja. Jeder kann malen.

Vorausgesetzt, das Interesse und die Leidenschaft sind da. Die Begeisterung, der Selbstaufopferungsdrang, die Bereitschaft zu lernen, was das Zeug hält.

Bevor Sie anfangen, gehen Sie auf den Balkon und schreien Sie laut:

Jaaa! Ich kann malen!

Glaube versetzt bekanntlich Berge. Es ist völlig egal, wer das glaubt und wer nicht, Hauptsache, Sie glauben das! Wenn Sie keinen Balkon haben sollten, gehen Sie in einen Wald und schreien Sie dort: Jaaa! Danach betrachten Sie den Wald. Diesen alten und ehrwürdigen Wald. Die Formen der Bäume und die Lichtungen, die Farbenspiele, Licht und Schatten. Riechen Sie den Duft des Waldes und lassen Sie alles auf sich wirken. Die Natur ist selbst eine tolle Künstlerin, oder? Vielleicht die beste von uns allen.

Es gibt in der Malerei gewisse Gesetzlichkeiten, und die müssen gelernt sein. Doch Sie brauchen sich nicht unbedingt einen Lehrer suchen, das muss nicht sein, denn die klassische Malausbildung ist tot!

Am besten werden Sie lernen, wenn Sie die Geheimnisse hinter der Malerei selbst entdecken. Vielleicht ein Buch hier, ein Buch da, aber den größten

Teil müssen Sie selbst erforschen und erproben. Das Wichtigste dabei: Das Beobachten!

Beobachten Sie alles, was die Augen sehen, und Sie werden merken, dass man wirklich alles zum Bildobjekt machen kann. Man kann von allem, was sich im Leben zeigt, abstrahieren, man kann mit allem spielen und es verändern, aus Alt Neu machen, aus Neu Alt, oder erst einmal Skizzen machen, Stichwörter notieren, die Dinge verinnerlichen, sie im Gedächtnis speichern und später malen, und so weiter …

Und wenn Sie trotzdem merken sollten, all das macht Ihnen doch keinen Spaß, dann lassen Sie es einfach, befreien Sie die Malerei von Ihnen, vergessen Sie es, widmen Sie sich anderen Dingen. Aber was Sie auch tun, tun Sie es aus vollem Herzen, mit Begeisterung und Leidenschaft. Das Leben ist viel zu aufregend, um gelangweilt darauf zu warten, endlich das Rentenalter zu erreichen. Im Grunde ist es völlig egal, was ein Mensch in seinem Leben macht, Hauptsache, er macht es gut, mit viel Liebe, und er hat Freude daran. Wir haben vermutlich nur dieses eine Leben. Dem Universum ist es egal, ob Sie Künstler sind oder Müllmann oder auch Gangster.

Apropos, aus Müll kann man auch Kunst machen, es gibt heute Künstler, die Müll sammeln und ihn dann als große Kunst verkaufen. Erfolgreich sogar. Es gibt einen Künstler, Damian Hirst, der tote Tiere, in einen Glaskäfig gelegt, als Kunst verkauft und Millionen damit verdient. Auf diese bizarre Idee muss man erst mal kommen.

Also:

Sollten Sie statt bei der Kunst bei der Müllabfuhr landen oder Metzger werden: auf jeden Fall werden Sie auch an solchen Arbeitsplätzen viel Kunst entdecken.

Alles ist Kunst!

Was soll ich überhaupt malen?

Heute leben wir in einer Zeit, die keine eindeutigen Stilrichtungen kennt, ob in der bildenden Kunst, in der Musik oder im Film. Heutzutage ist künstlerisch alles erlaubt. Vielleicht stehen wir ja vor der Geburt eines neuen Zeitalters und jeder von uns hat die Chance, künstlerisch etwas völlig Neues zu wagen und zu kreieren. Aber Vorsicht mit dieser Denkweise. Ob etwas wirklich neu ist, kann nur von anderen und aus zeitlichem Abstand beurteilt werden. Man selbst weiß es nicht, zumindest nicht, während ein Werk entsteht. Die Zeit vergeht, und erst später sehen wir, ob wirklich neu war, was wir geschaffen haben. Uns bleibt also nichts anderes übrig, als still vor uns hin zu arbeiten und umzusetzen, wozu wir uns berufen fühlen und was authentisch ist. Einfach auf die innere Stimme hören und malen.

Was aber ist diese innere Stimme?

Vielleicht der Instinkt, der uns immer wieder sagt, das mag ich und das mag ich nicht, das schmeckt mir, das aber nicht, diese Farbe sagt mir zu und jene nicht.

Das Fühlen!

Vorausgesetzt, man hat Zugang zu seiner Seele. Leider gibt es viele Menschen in unserer modernen Gesellschaft, die ihre Seele völlig verloren haben und orientierungslos hin und her irren. Was sie ausschließlich tun, ist funktionieren. Sie streben nur nach Geld, Konsum und Karriere. Von ihnen können wir natürlich nicht verlangen, dass sie sich auf ihren Instinkt verlassen. Sie sind menschliche Roboter, die nur für den äußeren Schein leben und auf äußere Signale reagieren. Das Innenleben dieser Menschen ist tot!

Der größte Anfängerfehler ist, gleich zu Beginn abstrakt zu malen. Machen Sie erst einmal alles, was Sie sehen, was Sie fühlen, wovon Sie träumen zu Ihrem Bildobjekt. Wenn irgendwann diese Dinge Sie zu langweilen beginnen, dann können Sie abstrakt und frei malen. Aber erst dann. Lernen Sie erst einmal das Gefühl für den Raum kennen, die Perspektive, die Entfernung, Licht und Schatten, das Farbenzusammenspiel im realen Leben. Wir sehen jeden Tag so viel, so Verschiedenes, so Vielgestaltiges und Farbenfrohes … Sogar im eigenen Wohnzimmer kann man Dinge entdecken, die künstlerisch genutzt werden können. Schauen Sie sich einfach um, und Sie werden staunen, was es alles in Ihrem Umfeld gibt. Oder gestalten Sie Ihre Umgebung so, dass sie Sie zum Malen anregt. So haben es die Impressionisten gemacht. Zeichnen Sie. Zeichnen ist überhaupt die beste Übung. Es schärft das Auge und den Blick. Dann gehen Sie hinaus, egal wie das Wetter ist, und Sie werden, wenn Sie aufmerksam beobachten, so allerlei sehen, was sich da draußen so tut. Hören Sie erst einmal bewusst auf die Geräusche. Danach nehmen Sie wahr, was um Sie herum passiert. Die Farben des Lebens, ob im Sommer oder im Winter, die Farben sind immer da, zu jeder Jahreszeit. Mal grell, mal gedämpft.

Malen Sie das Leben, die Bäume, die Brücken, die Autos, die Tiere und natürlich die Menschen. Sie werden sehen, dass Sie sich von Motiv zu Motiv und von Bild zu Bild weiterentwickeln. Zeigen Sie dann diese Bilder Ihren Freunden, Ihren Verwandten ... Die meisten werden Sie loben, und das brauchen wir alle. Die anfängliche Begeisterung ist ein absolutes Muss! Sie ist der Motor für Ihre weitere Entwicklung und ein wichtiger Baustein, dass sich Ihre Freude und Ihr Drang, sich künstlerisch auszudrücken, regelrecht zu einem Trieb entwickelt. Dieser Trieb, ohne den es keine Kunst gibt, wird immer stärker, und auch ihr Ehrgeiz wird immer größer und ernsthafter. Sie werden selbstsicherer. Und dieses Gefühl der absoluten Selbstsicherheit werden Sie brauchen, um auf diesem zugegebenermaßen dornigen Weg der Selbstverwirklichung durch das Schaffen von Kunst nicht zu straucheln.

Gegenständlich? Figurativ? Abstrakt?

Auf einer meiner Ausstellungen sagte mir einmal ein etwas älterer Herr, ebenfalls Künstler, ich hätte Talent, aber noch keinen eigenen Stil. Weil meine Bilder so unterschiedlich waren und es bis heute sind. Ich war sauer, schwieg aber aus Respekt vor seinem Alter.

Es gibt eine Rockgruppe, die immer dieselbe Musik macht, seit Ende der Sechziger. Obwohl sie über 80 Millionen Tonträger verkauft hat, ist sie in den seriösen Musikerkreisen verpönt. Die unverwüstlichen „STATUS QUO", ja, die mit dem ewigen „Rockin' All Over The World"… Immer der gleiche Rhythmus, die gleichen Gitarrenakkorde, die gleichen Texte, die gleichen Refrains, das gleiche Grinsen, alles gleich seit vierzig Jahren. Entwicklung gleich Null! Das absolute Gegenteil ist die unglaubliche Gruppe „GREATFUL DEAD", deren Gitarrist Jerry Garcia die Musiker immer dazu aufforderte, *Fehler* zu machen (Fehler sind etwas Großartiges!). Die Jungs spielten von Jazz bis Country, Bluegrass bis Reggae, alles dabei, einfach großartig! Aber das ist eine andere Abteilung.

Ist es nicht fürchterlich langweilig, wenn man schon im Voraus weiß, was man die nächsten fünf Jahre oder sogar ein Leben lang malen wird? Das ist der künstlerische Tod!

Nehmen wir Picasso. Der Mann hatte alle zwei

Jahre einen neuen Stil. Aber wer würde auf die Idee kommen zu sagen, Picasso hätte seinen Stil nicht gefunden? Das wäre die reine Blasphemie. Oder Gerhard Richter, der teuerste lebende deutsche Maler. Seine Werke sind so verschieden wie die Länder auf dieser Welt. Und da gibt es noch einen anderen großen Maler, den bunten Friedensreich Hundertwasser. Der allerdings malte seine letzten vierzig Lebensjahre immer wieder dasselbe. Einige sagen, er habe sich einfach nicht weiterentwickelt, obwohl er seine Kunst brillant vermarktete. Sicherlich, er schuf eine traumhaft schöne Malerei, aber immer und immer wieder das Gleiche, Gleiche, Gleiche. Es ist vollkommen in Ordnung, wenn man zwei-, drei-, viergleisig malt. Man kann Serien produzieren, zum Beispiel einige Bilder in abstraktem Stil malen, dann einige Aktbilder, vielleicht anschließend noch etwas politischer werden, mit satirischen Elementen, danach harmonische Landschaftsbilder und später etwas aus der reinen Phantasie Entsprungenes. Wer sagt uns, dass wir das nicht tun dürfen? Kritiker? Meistens sind diese Kritiker, wie wir alle wissen, gescheiterte Künstler, gescheiterte Musiker, gescheiterte Schriftsteller. Alles Leute, die nicht das geworden sind, wovon sie von Kindheit an geträumt haben. Also total verbitterte Menschen. Was können wir denn von solchen Leuten erwarten? Nichts Gutes, nichts, was uns irgendwie weiterbringen könnte … Je individueller, je besser Sie sind, desto heftiger werden Sie kritisiert, und alle kunstschaffenden Menschen sollten sich von Anfang an bewusst sein, dass Kritiker nicht das Maß aller Dinge sind. Sie sind auch nur Menschen wie Sie und ich, und sie haben genauso viel Selbstzweifel wie wir, wenn nicht sogar noch mehr.

Wir Menschen sind launisch. Heute denken wir so und morgen ganz anders. Darin liegt auch unsere Mannigfaltigkeit. Es könnte sein, dass Sie als absolut abstrakter Maler plötzlich eine Frau sehen, die alles, was Sie vorher geschaffen haben, über Bord wirft. Weil Sie den Drang verspüren werden, diese unglaubliche Schönheit auf die Leinwand zu bringen. Ganz ohne abstrakte Tricks. Oder ein bekennender Aktmaler wird plötzlich durch irgendein Ereignis zu einem freien Maler, der von allem abstrahieren und nichts Konkretes mehr malen möchte.

Künstler zu sein heißt auch, zu spielen und zu pokern. Wir spielen mit unseren Gedanken, mit den Farben, mit dem Ton, mit allem nur Möglichen. Was wir tun, ist reines Spiel, ohne Verlierer und Gewinner. Probieren Sie alles aus. Es wäre viel zu schade, in unserem so kurzen Leben nicht alles, was uns künstlerisch reizt, ausprobiert zu haben.

Und wenn Sie Freude daran haben, dann malen Sie doch einfach eine Fliege. Eine Ameise oder gar ein Kamel oder George W. Bush. Dann zerstückeln Sie diese Geschöpfe auf Ihrer Leinwand und so werden Sie abstrakte Tiere bekommen. Wenn Sie diesen Tierchen dann mehrere Köpfe verpassen, hat das plötzlich etwas mit Surrealismus zu tun. Malen Sie im Hintergrund eine schöne Landschaft, dann erhalten Sie ein Landschaftsbild. Und wenn diese Tiere politische Kommentare à la Comic verpasst bekommen, dann haben wir es auf einmal mit politischer Malerei zu tun, oder mit Satiremalerei. So einfach geht das.

Sollte dieses Bild schlimm aussehen (davon gehe ich aus), bedecken Sie die ganze Leinwand mit einer einzigen, transparenten Farbe, mehrmals hintereinander, bis (fast) nichts mehr von der alten Komposition übrig ist.

So haben wir ein Rothko-ähnliches Bild zu Hause. Passt hervorragend zu jedem Einrichtungsstil.

Am Anfang war die Farbe

Alles um uns herum ist voller Farben. Wir ersticken beinah in Farben. Doch damit die Farbe auf der Leinwand wirkt, muss man sie gezielt und harmonisch einsetzen. Manche Farben vertragen sich miteinander, manche nicht. Keiner weiß warum, aber es ist einfach so. Und wenn man es als Maler mit Farben zu tun hat, dann weiß man, warum neben Orange das Violett besser wirkt, neben Rot das Grün und neben Gelb das Blau. Das nennt man Komplementäreffekt. Das Werk von van Gogh ist voll von solchen Effekten. Irgendwann entwickelt man intuitiv ein Gefühl dafür, was zusammenpasst und was nicht. Diese Gabe liegt einfach in unseren Genen.

Am Anfang sollten Sie nicht mit Farben geizen. Hauen Sie einfach rein, was das Zeug hält. Schwimmen Sie in Farben, veranstalten Sie Farbpartys. Van Gogh ging so weit, dass er anfing, Ölfarben zu essen. Das muss natürlich nicht sein, es ist lebensgefährlich, aber gewisse Verrücktheiten machen unser ab und zu ödes Leben attraktiv, und deswegen sollten wir alle manchmal etwas Außergewöhnliches tun.

Wenn man nach Jahren die ersten künstlerischen Versuche wieder hervorkramt, schmunzelt man ein wenig, aber das gehört einfach dazu. Wir müssen alle unsere ersten Erfahrungen machen, daran führt kein Weg vorbei! Es wäre traurig, wenn es nicht so wäre. Wir müssen Fehler machen. Niemand wird als Genie geboren. Na ja, vielleicht Mozart und ein paar andere Kerle und Mädels, aber wir leben ja bekanntlich in einer genielosen Zeit. Doch vielleicht sind wir ja auch allesamt Genies und wissen es nur nicht. Wie auch immer – machen Sie Ihre ersten Erfahrungen, so herzlich und naiv wie nur möglich. Wie ein Kind seinen Charakter in seiner Kindheit entwickelt, so ist es auch mit der Entfaltung des Talents in der Malerei. Vielleicht die wichtigste Phase – der Anfang! Je intensiver Ihre Begeisterung für die Malerei ist, desto stärker wird auch Ihre Motivation auf Lebenszeit sein.

Es gibt für das menschliche Auge nur drei Grundfarben, aber diese drei Farben erlauben uns so viele Farbvarianten, dass man die Zahl nicht wirklich fassen kann. Das Spektrum der Farben ist unendlich. Deshalb können noch hunderte Generationen kommen und malen, die Unendlichkeit der Farben wird sich niemals erschöpfen.

Einen Moment: Wo sind Sie gerade?

Bestimmt zu Hause. Dann schauen Sie aus dem Fenster und registrieren Sie diese unglaubliche Vielfalt der Farben. Auch wenn es nur ein Ausschnitt ist, den Sie sehen. Studieren Sie vor allem die Übergänge, das ist das Spannendste. Diese Übergänge, verursacht von verschiedenen Lichtverhältnissen, machen die drei Grundfarben so unendlich vielfältig ... Und darum geht es in der Malerei – die

Übergänge zu schaffen. Ein Blau kann hunderttausendmal verschieden sein, auch wenn es immer ein Blau bleiben wird.

Wenn die Farben auf der Leinwand einander bekämpfen und trotzdem ein Ganzes darstellen – das ist spannend. So eine Art Wassermeloneneffekt. Sattes Rot eingehüllt von sattem Grün.

Noch besser ist es, wenn urige, erdige Farben mit intensiven und knalligen kämpfen. Sattes Orange auf Grau oder kraftlosem Hellbraun. Das sind Effekte, von denen die moderne Malerei lebt.

Dann die Form

Entweder hat man die Formen im Kopf oder vorgefertigt als Skizze, als Zeichnung. Oder alles entwickelt sich spontan auf der Leinwand, nach langem Herumexperimentieren. Hauptsache, die Formen stimmen und sind nicht langweilig. Langweilig nenne ich alles, was man schon kennt. Was wir nicht kennen, das ist spannend, das ist neu, das ist innovativ!

Die Natur ist so eingerichtet, dass es immer wieder neue Formen zu finden gibt. Nichts wiederholt sich, alles ist einzigartig und originell. Schon aus diesem Grund sollte man sich schämen, wenn man sich stets wiederholt. Wiederholungen sind peinlich. Ganz besonders, wenn man anfängt, sich selbst zu kopieren. Da ist ja schließlich noch die eigene Phantasie. Gucken wir einfach, wie viele Gedanken und Bilder sie in unserem Kopf hervorruft … Hunderttausende. Auch dort können wir nützliche Formen für unsere Malerei finden. Konzentration ist das Zauberwort.

Die Flammen des Feuers locken die besten Formen hervor. Einige Minuten das Feuer beobachten und plötzlich, Sesam öffne dich, öffnen sich die Pforten der Phantasie und das Gehirn öffnet seine Speicher. In der Jugendstilkunst gibt es bemerkenswert viele Flammenmotive. Oder Pflanzenornamente. Diese ähneln Flammen. Die Welt ist voller Formen. Motive und Formen gibt es unendlich viele.

Wenn Sie einen Bleistift in die Hand nehmen und frei zu zeichnen beginnen, werden Sie sehen, was für Formen sich plötzlich aus dem Nichts offenbaren. Wenn Sie nicht zufrieden sind, lassen Sie die Zeichnungen erst einmal auf sich beruhen und sehen Sie sich diese morgen, übermorgen, in einer Woche noch einmal an. Dann werden Sie eine ganz andere Sicht darauf haben und Sie werden staunen, was Ihnen da gelungen ist. Max Ernst legte das Papier auf die groben Fußbodendielen und strich mit einem Bleistift leicht darüber, hin und her, sodass durch das unebene Holz ganz eigenwillige Muster auf dem Papier erschienen. Diese Technik nennt sich „Frottage". Das muss ein sehr mystischer Prozess gewesen sein. Probieren Sie es aus. Wenn Sie erst einmal diese Muster haben, werden Sie selbst wissen, wie es weitergehen soll. Der österreichische Maler Wolfgang Paalen hat die Fumage-Technik entdeckt, das Malen mit Kerzen. Er bemalte die Leinwand mit Farbe, legte sie dann auf zwei Stühle und stellte brennende Kerzen darunter. Durch den Rauch entstanden sehr eigenwillige Formen. Nur für den Fall, dass einem nichts, aber wirklich gar nichts mehr einfällt. Solche Phasen gibt es auch.

Wenn Sie nicht zu den Formen kommen, dann kommen die Formen zu Ihnen. Sie entscheiden, wie, wann und warum. Kein anderer! Vielleicht sind Sie im alltäglichen Leben kein King, aber auf dem Papier, auf der Leinwand, da sind Sie es. Dort regieren Sie, und nur Sie.

So wie der liebe Gott die Erde und das Leben erschaffen haben soll, so können Sie immer wieder neue Formengebilde kreieren. Alles, was Sie wollen! So lange der Mensch existiert, nimmt er immer wieder und endlos Formen wahr. Jeden Tag, jede Minute, jede Sekunde, immer wieder neu.

Wann können Sie sonst so frei sein?

Dieses Gespür des Freiseins war, ist und wird immer die Essenz der Kunst bleiben. Nur in der wahren Freiheit kann die wahre Kunst entstehen. Ohne jeden Druck. Kunst macht frei und allein schon aus diesem Grund lohnt es sich, künstlerisch zu experimentieren und vielleicht ein erfolgreicher Künstler zu werden.

Und schließlich der Raum

Ohne die räumliche Dimension ist jede Malerei tot. Flach. Glatt. Seelenlos. Alle großen Meister haben Raum in ihren Bildern. Raum bewirkt Mehrdimensionalität in der Malerei. Dieser Aspekt hat magische Wirkung auf den Betrachter. So wird die erzeugte Illusion perfekt (Malerei ist nun mal Illusion). Wir sollten beim Betrachten eines Bildes immer das Gefühl haben, durch das Bild hindurchgucken zu können. Dass hinter dem Bild noch etwas ist; etwas, das weiter und weiter nach innen zieht. So bekommt ein Bild Tiefe. So liest man dann im Bild auch zwischen den Zeilen, wie es bei der Literatur üblich ist. Denn das Bild ist immer mehr als das, wonach es aussieht. Oder sollte es zumindest sein!

Die Räumlichkeit ist die Seele des Bildes. Diese Seele bewegt Menschen, erzeugt Emotionen und Gefühle. Die Pop-Art-Malerei hat keine Räumlichkeit, deshalb sehen all diese Bilder von Warhol bis Lichtenstein so seelenlos und steril aus. Man fragt sich, ob das überhaupt Malerei ist. Bei Licht besehen ist es nur die wilde Epoche, auf deren Hintergrund diese Kunst entstanden ist, die angeblich verrückte Lebensweise der Künstler und ihrer Bewunderer, die Legenden, nicht aber die Kunst selbst. Ein Phänomen, das leider nicht untypisch ist für unsere moderne Zeit.

Dabei ist es gar nicht so schwer, einen Raum zu schaffen. Man muss nur wissen, wo es im Bild eine Stelle gibt, die uns Betrachter nach innen zieht. Diese Stelle, meistens aufgehellt, muss das Gefühl der Freiheit vermitteln. Sie ist die Rettung. Die Erde kann außer Kontrolle geraten, der Himmel untergehen, dieses Bild von der Wand fallen, Sie können einen Herzinfarkt bekommen, aber durch diese eine Stelle können wir gerettet werden, das ist immer die Hoffnung im Bild. Das tut unserer Seele gut. Das ist das erhoffte Licht am Ende des Tunnels.

Vor allem werden Sie als Maler beim Betrachter den Respekt hervorrufen, dass Sie es können. Dass Sie kein Schmierer sind (davon gibt es heute eine Menge), sondern ein Maler, der Dimensionalität erzeugen kann.

Raum ist so etwas wie ein ungeschriebenes Gesetz in der Malerei. Dadurch entsteht Bewegung im Bild, eine Bewegung, die das Bild und überhaupt eine bemalte Leinwand glaubwürdig macht und uns Betrachter in den magischen Bann zieht.

Vielleicht doch abstrakt?

Abstrakte Malerei eröffnet grenzenlos Wege, man kann aus sich heraus etwas erschaffen und auf die Leinwand bringen. Emotionen, Gefühle, Wut, Freude, Leid, Träume, Hoffnung, alles, was uns in dem Moment beschäftigt. Man kann tatsächlich von allem Möglichen abstrahieren und es dann in eine Form setzen. Mit dieser Vorgehensweise macht sich der Maler gewissermaßen auch unangreifbar, denn kein Kritiker oder Möchtegernkritiker kann auf Unstimmigkeiten im Bild hinweisen und vielleicht sagen, die Lichtverhältnisse seien falsch, der Schatten schlecht platziert, die Perspektive schief oder die Nase des Porträtierten unproportional. Wie in einer Szene des Films „Die Augen des Wolfes" über den großen Gauguin (mit Donald Sutherland), als ein älterer Herr in einer Ausstellung entsetzt auf ein Bild mit einem Hund deutet und sagt:

„Aber … der Hund ist ja rot?"

Solche Bemerkungen werden Sie auch heute noch hören ... Ein Beispiel: Auf einem meiner Bilder wirken zwei Menschen in den Gesichtern etwas gelblich, und so fragte mich einmal ein Betrachter, der selbst Künstler ist, ob diese Menschen auf dem Bild Gelbsucht hätten … Da ist man wirklich baff!

Der Maler von heute hat das Recht, Hunde rosa und Bäume türkis darzustellen. Wir leben im 21.

Jahrhundert. Wenn der Mensch innerlich reich an Phantasie ist und etwas zu sagen hat, dann ist die abstrakte, also freie Malerei genau das Richtige für ihn. Das Schöne daran ist, dass man erst einmal nicht weiß, wohin die Reise geht. Alles entscheidet sich erst auf der Leinwand, also im Augenblick des Entstehens. Das ist mit den freien Improvisationen eines Jazzmusikers auf der Bühne vergleichbar. Wie ein Jazzmusiker unendlich über ein Thema improvisieren kann, so können wir Maler auf der Leinwand unendlich mit Farben spielen. Abstrakt und frei malen ist wie eine Jamsession. Gemalt wird mit allen nur möglichen Utensilien – mit Pinseln, Fingern, Füßen. Es gibt heute Frauen, die mit ihren Brüsten malen.

Was gibt es Schöneres als die Möglichkeit, eigene Empfindungen in verschiedenen Formen und Farben auszudrücken? Nehmen wir an, Sie hatten einen fürchterlichen Tag, alles ist danebengegangen, was danebengehen konnte, Sie haben sich mit dem oder der Liebsten gestritten, das Konto ist restlos blank und unaufhörlich sind Ihnen in den letzten Tagen Rechnungen ins Haus geflattert, der Nachbar macht Ärger, weil ihm Ihre Musik vor einigen Tagen zu laut war. Sie kommen also ermüdet nach Hause und sehen die Leinwand, die auf Sie wartet. Sie ist in diesem Moment Ihre einzige Geliebte! Dann können Sie explodieren und ohne jede Vorbereitung drauflosschlagen. Den Schmerz oder das Leid malen, wie Sie es möchten, in Farbe schwimmen und das Ganze zum Schluss zu einem würdigen Kunstwerk machen!

Sich die Seele aus dem Leib schreien und zum verdienten Höhepunkt kommen!

Ein Tipp:

Sehen Sie sich Bilder des chilenischen Malers Roberto Matta an. In seinen Bildern ist unser gesamtes Dasein abstrahiert dargestellt. Man erkennt alles und gleichzeitig nichts.

Das eigene Bild anders sehen

Wenn wir lange an einem Bild malen, kann es passieren, dass das Gespür für die objektive und neutrale Betrachtung verloren geht. Das Auge gewöhnt sich an das, was es sieht, und merkt nicht, dass manche Formen einfach nicht stimmig sind oder auch die Farben nicht zueinander passen. Die Harmonie ist gestört und man selbst merkt nicht, was los ist. Es fehlt der Blick, wo Korrekturen nötig sind, was vielleicht weg muss, was hinzugefügt werden muss, wo es zu dunkel, wo zu hell ist und so weiter. Aber irgendwas muss auf jeden Fall gemacht werden!

Es gibt da einen Trick: ein Spiegel muss her. Er zeigt sofort, wo es im Bild hakt. In den ersten Minuten, so lange sich das Auge noch nicht an die neue Perspektive gewöhnt hat und uns nicht wieder in die Irre führen kann. Im Spiegelbild sieht man das eigene Bild mit den Augen anderer. Es eröffnet sich plötzlich eine völlig andere Sicht. Jeder Künstler kennt die Situation, dass manche Leute (auch Freunde) seine Bilder kritisieren, er darüber staunen muss und nicht verstehen kann, warum diese Menschen die Bilder nicht so sehen, wie er es tut. Natürlich kritisieren uns viele mit Absicht, um eine gewisse Macht über uns zu gewinnen, ganz besonders, wenn wir mit kindlich naiven Augen fragen: „Na, was sagst du zu diesem Bild?“ Aber manchmal haben diese Kritiker auch recht, weil sie tatsächlich echte Schwächen in den Bildern benennen. Weil sie das Ganze objektiver betrachten und nicht mit diesem Schleier umhüllt sind, der leider als Folge der intensiven Beschäftigung mit dem Bild auftaucht. Deswegen ist dieser gewisse objektive Blick sehr wichtig für uns Künstler, damit wir uns nicht blamieren. Der Spiegelblick holt uns manchmal auf die Erde zurück und sagt uns, dass noch viel Arbeit auf uns wartet, bevor wir Hurra schreien und uns als universelle Genies sehen können.

Eine andere Möglichkeit, wieder den richtigen Abstand zu seinem Werk zu gewinnen, wäre, das Bild zu verstecken und ein paar Tage lang nicht anzusehen. Das kann insbesondere hilfreich sein, einem Bild, das im totalen Kunstrausch entstanden ist, einmal anders, offen und ehrlich zu begegnen.

Ohne diese Tricks, sich eine gewisse Objektivität zu verschaffen, würden wir Gefahr laufen zu glauben, dass wir keine Veränderung nötig hätten, dass wir die Besten seien, dass alles gut sei, was wir tun. Und das wäre der künstlerische Tod. Ohne Entwicklung sind wir der Stagnation ausgeliefert.

Andere Möglichkeiten zur objektivierenden Distanz wären, das Bild auf den Kopf zu stellen oder es schwarzweiß zu sehen. So sieht man, wie intensiv die Farben wirklich sind und ob sie sich in der schwarzweißen Version voneinander unterscheiden.

Die vielen anderen Tricks, die es sicherlich gibt, werden Sie selbst nach und nach für sich herausfinden.

Was ist mit der Aussage?

Spätestens wenn Sie als Maler auf dem Weg zum professionellen Künstler sind, sollten Sie zu Ihren Bildern keine Aussage machen, das werden die Kritiker für Sie tun. Die müssen schließlich auch ihre Familien ernähren und für die Frühstücksbrötchen sorgen. Wie wir schon wissen, sind die Kritiker eher Feinde der Künstler als ihre Freunde. Wenn wir tot sind, freunden sie sich vielleicht mit uns an. Aber dann ist es zu spät für uns. Wir wollen den Speck hier und jetzt!

Deswegen: Nicht für die Aussage sorgen. Vielleicht etwas andeuten, aber niemals konkret werden! Es sind genug Aussagen gemacht worden in der Geschichte der Menschheit. Tonnenweise. Und machen Sie bloß keine politischen Aussagen! Was Sie heute äußern, wird Ihnen morgen schon leid tun. Die meisten Aussagen sind nicht mehr wert als Toilettenpapier. Je nach Zeithintergrund fällt die Interpretation eines Kunstwerks anders aus. So wie das für jede Kunst gilt, und auch für die geschichtlichen Ereignisse selbst.

Vor Kurzem besuchte ich eine Ausstellung von Bildern des Romantikers Caspar David Friedrich, es gab eine Führung. Der nette Mann, der die Führung machte, erklärte und analysierte jedes Detail. Sogar die Gras fressenden Schafe in Friedrichs Bildern sollten große Bedeutung haben. Sie stünden nicht umsonst da und würden nicht nur einfach grasen. Alles in den Bildern sollte bedeutungsschwer sein.

Was für ein Schwachsinn!

Was würde nur der Meister selbst dazu sagen (er würde sich vermutlich im Grabe umdrehen) …

Solche Interpretationen sind reine Kopfgeburten und Phantasien der Kunsthistoriker. Gute Kunst braucht keine Erläuterungen. Die unglaublichen Meisterwerke von Mutter Natur brauchen ja auch keine Erklärungen, wir stehen einfach da und staunen, genießen den Anblick. So sollte es auch in der Kunst sein.

Die prägnantesten Aussagen in der Malerei macht zweifellos der Surrealist René Magritte. Ein Beispiel: Auf einem Bild ist ein blutendes Gewehr dargestellt, das Bild heißt „Der Hinterbliebene“. So ein Bild kann einen wirklich schaudern lassen. Unverkennbar, dass da auf den Krieg verwiesen wird, auf den Schmerz und die Sinnlosigkeit eines jeden Krieges. Das ist wirklich eine perfekte Aussage!

Natürlich bietet uns die heutige Welt reichlich Gründe zu Aussagen, aber andererseits ist dieselbe Welt von den vielen Aussagen, die uns nur provozieren und aggressiv machen, sehr müde. Vielleicht sollte man sich darauf beschränken, eher im Stillen, ohne große Worte, auf etwas hinzuweisen, denn gerade in der Kunst kann man heute mit pathetischen Worten sehr schnell peinlich wirken.

Ein gutes Beispiel ist Gerhard Richter: Er schweigt beharrlich zu seinen Bildern und beschränkt sich auf die knappe Auskunft, dass er einfach male.

Das Umfeld

Ein angemessenes Umfeld ist das A und O beim Malprozess. Es muss ringsherum alles stimmen, nichts darf unsere Aufmerksamkeit zerstreuen, alles muss zu dem passen, was gemacht wird. Ein gut eingerichtetes Atelier ist selbst ein Kunstwerk. Oder die berühmte halbe Miete.

Natürlich kann sich nicht jeder ein Atelier leisten, aber eines zu haben ist wirklich nicht schlecht. Auf jeden Fall braucht man einen Raum, in dem es kreativ zugeht und jeder Gegenstand nur ans Kunstschaffen erinnert. Man sollte sich frei fühlen, sodass man sich gehen lassen, mit Farbe spritzen und so richtig ausgiebig rumsauen kann. Und gleichzeitig vergessen kann, was sich da draußen abspielt, ohne allerdings ein Weltfremder zu werden, sonst enden Sie wie der große Vincent van Gogh.

Wenn Sie eine Zweizimmerwohnung haben, dann richten Sie doch die eine Hälfte des Wohnzimmers als Atelier ein. Es soll ein Ort der Kreativität sein, ein Tempel und eine Oase der Künste. Eine eigene Welt, in der Ihre Gäste das Zeitgefühl verlieren, wenn sie zu Besuch sind …

Vielerlei Beiwerk kann beim Malen zum Einsatz kommen, zum Beispiel Kerzen und Räucherwerk. Sie schaffen damit eine gewissermaßen magische Atmosphäre. Und diese Atmosphäre wird dazu beitragen, dass magische Kräfte freigesetzt werden und Sie ein Meisterwerk schaffen.

Das Wichtigste ist natürlich die Musik!

Sie hilft uns, uns vom Alltag und Stress freizumachen. Sie schafft Sphären in unseren Köpfen, die die in uns verborgenen Welten aus uns herausfließen lassen. Sie strömen in Richtung der weißen, noch reinen und zarten Leinwand. Welche Musik Sie wählen, bleibt Ihnen überlassen, aber sie sollte auf jeden Fall an Ihren Emotionen andocken oder sie wecken. So werden Sie Bilder schaffen, die auch andere berühren. Musik beeinflusst uns mehr, als wir glauben. Das heutige Leben ist ohne Musik nicht mehr denkbar. Musik ist schon in uns allen!

Und wie steht es mit dem Drogenkonsum während des Malens? Drogen können die Wahrnehmung so stark verändern, dass das Bild am nächsten Tag ganz anders aussieht als im Rausch des Entstehungsprozesses. Und das kann wirklich schmerzen und depressiv machen. Also Finger weg von Drogen beim Malen! Es wird einfach zu nichts führen. Dalí soll auf Meskalin gemalt haben. Doch die für ihn so typische akribisch fotografische Malerei hätte er im Rauschzustand niemals hingekriegt! Van Gogh soll hektoliterweise Absinth getrunken haben, sagt man … Wenn ein Künstler stirbt, werden viele Legenden geboren, von denen vielleicht nur zehn Prozent wahr sind.

Am besten ist es, wenn Sie zu Beginn des Malprozesses in sich gehen und ein wenig meditieren. Oder einfach zur Ruhe kommen, die negativen Tageserlebnisse abschütteln, dann gelingt das Bild am besten. Schon mal im Kopf das Malen antrainieren und die Vorstellungen schaffen, wie das künftige Bild aussehen wird.

Wenn das Bild steht

Wenn ein Bild endlich steht und der Schöpfer damit einigermaßen glücklich ist, wenn es sogar den Spiegeltest und einige andere Tests bestanden hat, dann ist das der Orgasmus schlechthin. Der geistige, künstlerische, kreative Orgasmus, den man nicht wirklich erklären kann, so lange man ihn nicht selbst erlebt hat. Das sind die Glücksmomente, die uns womöglich ein paar Jahre Leben extra schenken.

Sie haben ein Leben auf der Leinwand geschaffen, das seinen Platz in den Herzen der Menschen einnehmen wird und sogar Sie überdauern wird. Sollte man da nicht neidisch auf dieses Bild sein? Leonardo da Vinci ist als Mensch schon lange tot, seine Bilder aber sind lebendiger denn je ... Eigentlich liegt eine gewisse Tragik darin. Aber noch leben wir, und das von uns Erschaffene wird uns Freude machen, so lange wir leben. Sie werden beinah ein erotisches Verhältnis zu Ihren Bildern entwickeln. Als Mann werden Sie eine Frau in dem Bild sehen, eine Geliebte. Als Frau einen Mann, der auf Sie aufpasst und Sie schützt. Es wird Ihre Einsamkeit vertreiben, auch wenn Sie nicht einsam sind. Im Grunde sind wir doch alle einsam, aber das ist nichts Schlimmes. Ohne Einsamkeit gibt es keine Kunst, keine Meisterwerke. Nur in der Einsamkeit kann ein künstlerisch Schaffender den absoluten Bund mit der Wahrheit schließen und unermüdlich weiterarbeiten, bis der Notarzt kommen muss. In den sehr einsamen Tagen werden die Bilder Sie trösten und Ihnen immer wieder neue Kraft geben.

Gefällt Ihnen das eigene Bild? Ist doch gut gelungen, unglaublich, dass Sie die Person sind, die so etwas kreieren kann. Wer hätte das gedacht!

In solchen Momenten denken Sie, Sie seien der beste Maler der Welt. Und das neue Bild eines der besten unter der Sonne. Vielleicht ist es auch so. Vielleicht auch nicht.

Je naiver Sie sind, desto besser für Sie und Ihre Kunst. Machen die Besserwisser uns nicht immer weis, wir würden nie etwas schaffen und sollten die Finger davonlassen, von allem und jedem? Diese Neunmalklugen, die uns das Elementarste der Welt verbieten wollen, nämlich uns auszudrücken.

Genießen Sie erst einmal Ihr Bild!

Tanzen Sie um es herum.

Dann sinken Sie in die Couch und betrachten es noch einmal ausgiebig. Trinken Sie einen schönen Rotwein dabei. Sie werden als der glücklichte Mensch der Welt zu Bett gehen …

Erst einmal Gratulation!

Aber damit ist noch nicht alles getan. Am nächsten Tag, gut ausgeschlafen, bei der ersten Tasse Kaffee beginnt die wirkliche Betrachtung des Bildes. Betrachten Sie es lange, lange, lange … Das Betrachten ist genauso wichtig wie das Malen. Jetzt sind die Emotionen verschwunden, jetzt geht es mit nüchternem Kopf zu, jetzt wird sozusagen das

Bild korrigiert und von manchem befreit, was Sie im Rausch der Emotionen aufgetragen haben. Nennen wir es Korrektur, Schönheitsreparatur oder einfach Saubermachen. Manchmal geht das schnell, manchmal auch nicht und der Prozess dauert mehrere Tage, gar Wochen, Monate, vielleicht wird das Bild auch niemals fertig. Kommt auch vor. Ist aber nichts Dramatisches. Besser nicht zu Ende malen als Schrott malen.

Titel finden

Der Titel ist der Schlüssel für ein Werk, insbesondere der freien Malerei, eine Art Brücke zwischen dem Maler und dem Betrachter. Ein großer Punkt auf der Leinwand mit einem emotionalen, bedeutenden Titel hat ganz anderes Gewicht als die Bezeichnung O. T. (ohne Titel). Ein sphärisches, meditatives Bild kann ohne Titel sehr unvollendet wirken, aber wenn wir ihm einen Titel geben wie z. B. *Trügerische Ruhe vor der Trennung*, dann bekommt das Bild eine völlig andere Fülle, und dann weiß plötzlich auch der Betrachter, was der Künstler ausdrücken wollte. Der Titel öffnet die Phantasie des Betrachters. Niemandem nutzen Fragen wie „Verdammt, was hat der Künstler bloß gemeint?"

Der Titel muss das vermitteln, wonach das Bild schreit. Oder zumindest provozieren. Man darf auch ruhig übertreiben. Der Titel erläutert die so genannten freien Bilder einigermaßen, ohne weitschweifige akademische Erklärungen, ohne viele Worte. Ein Titel wie *Ohne Titel* zeugt von absoluter Phantasielosigkeit des Künstlers. Das muss wirklich nicht sein, haben Sie denn kein bisschen Phantasie, Ihr heißgeliebtes Bild in zwei, drei Worte zu fassen? Das Bild verdient immer einen Titel, sonst wirkt es wie ein Mensch ohne Namen. Irgendetwas hat Sie bewegt, als Sie das Bild malten. Immer mehr Künstler entscheiden sich dafür, ihr Bild mit ein paar poetischen Worten oder kurzen Texten zu versehen.

Es gibt im Leben keine Zufälle, und weil Sie das Bild so gemalt haben, wie es geworden ist, und nicht anders, hat es auch einen Sinn. Das „Warum?" hinter dem Bild muss im Titel einen Ausdruck finden. Warum so und nicht anders. Was war am Tag des Entstehens ausschlaggebend, was hat Sie beunruhigt oder erfreut, wer war ständig in Ihren Gedanken, was für Gefühle waren es oder welche Erinnerungen ... Aus solchen Reflexionen kann man einen wunderbar klingenden Titel kreieren.

Manchmal weiß man sofort, wie ein Bild heißen wird, manchmal aber dauert es Tage, Wochen, gar Jahre, bis einem der richtige Titel in den Sinn kommt. Was sehr gut ankommt, sind verrückte Titel, die vielleicht keinen wirklichen Bezug zu dem Bild haben, aber durch eine außergewöhnliche Wortwahl erhält das Bild ironische, gar wahnwitzige Züge, und für Ironie sind die Menschen sehr empfänglich.

Lassen Sie Ihrer Phantasie freien Lauf, dort eröffnen sich viele, sehr viele Schätze aus Worten, folgen Sie dem richtigen Pfad und Sie werden die besten Titel der Welt erfinden.

Was ist ein gutes Bild?

Ein atmendes Bild!

Ja, Bilder können auch atmen. Sie leben. Wenn Sie daran nicht glauben, sollten Sie sich vielleicht doch nicht mit Malerei befassen. Wechseln Sie dann lieber zu Grafikdesign und arbeiten Sie ausschließlich am Computer, mit Photoshop … Ein gutes Bild hat gleichermaßen eine Lebensberechtigung wie die Flüsse, die Bäume und die Berge. Bilder haben eine Seele, genau wie die Pflanzen. Ein gutes Bild kann manchmal weit mehr Veränderung herbeiführen als ein Mensch. Bilder bewirken viel mehr, als wir ahnen. Sie sind ständige Begleiter der Menschen. Kunst begleitet die Menschheit seit ewigen Zeiten, beginnend bei der Höhlenmalerei bis zu Warhol und darüber hinaus.

Im Idealfall sieht der Betrachter als Erstes nicht nur die Farben, sondern das Bild als Ganzes. Nicht Gelb, nicht Rot, nicht Blau, nicht Grün, keine einzelnen Bereiche des Bildes … sondern das Ganze als Ganzes! Wie in der Musik, wenn die Instrumente nicht getrennt voneinander gehört werden, sondern das Stück als Ganzes wahrgenommen wird.

Wenn das Bild einen ergreift und nicht mehr loslässt. Michelangelo sagte einmal, ein Bild müsse so aussehen, dass man kein Bemühen sehe. Als ob es aus sich heraus und ganz von allein entstanden wäre. Das Bild muss einfach fließen! Auch sehr schwere, düstere und überladene Bilder sollten wirken, als ob sie in einem Zug entstanden wären.

Natürlich hat sich im Laufe der Zeit die Malerei verändert, sehr verändert sogar, ganz besonders nach der Erfindung der Fotografie. Das Festhalten des Moments beansprucht nun mal heutzutage die Fotografie für sich, ebenso wie sie das Portraitieren an sich gezogen hat, das ist Fortschritt und wir Maler müssen es hinnehmen. Wir haben aber immer noch unsere Phantasie und Abstraktionsgabe.

Authentizität hat immer eine große Rolle gespielt und wird sie immer tun, wenn es um die Beurteilung von Kunst geht. Wenn Malewitsch ein schwarzes Quadrat malt, ist das authentisch, weil es so etwas vor ihm in der Kunst noch nicht gab und ihm einfach danach war, ein schwarzes Quadrat zu malen. Aber wenn jemand von uns das wiederholt und nur anders verpackt, dann ist das nicht mehr authentisch, und er wird sich, wenn er künstlerisch sehr ambitioniert ist, damit nur sein eigenes Grab schaufeln. Jeder Mensch besitzt genug Kreativität, etwas aus eigener Kraft zu schöpfen.

Und Authentizität sieht man dem Bild immer an. Weiß der Kuckuck warum, aber es ist so. Der Mensch besitzt den Schlüssel zu erkennen, was echt ist und was nicht. Glücklicherweise sind Menschen fähig zu unterscheiden, was von Herzen kommt und was aus dem Kopf.

Ideen sammeln

Schauen Sie aus dem Fenster, wie schön das Leben ist. Es ist völlig egal, ob jetzt die Sonne scheint, ob es windet oder regnet. Jedes Wetter erzeugt gewisse Stimmungen, und man sollte damit umzugehen wissen. Sie leben, und nur das zählt! Sie sind ein Teil dieses unglaublichen, geheimnisvollen Lebens, und Sie hatten Glück, geboren zu werden. Einige Seelen müssen vielleicht noch Tausende von Jahren darauf warten oder werden nie als Mensch geboren. Milliarden Menschen sind schon tot und kommen vielleicht als Frosch, Ameise oder Panther auf diese Welt zurück und werden niemals wissen, was es heißt zu malen. Deshalb einfach dankbar sein, dass Sie leben, und hinausgehen ins Leben. Im Café um die Ecke einen Galão bestellen und die Menschen beobachten ...

Heute stimmt mit der Welt einfach alles. Es gibt zwar Kriege und Armut in der Welt, aber dass es sie gibt, haben Sie nicht zu verantworten. Sie lieben trotzdem alle Menschen, und Sie werden geliebt. Sie spüren das Glück so richtig am eigenen Leib. Sie platzen beinah vor Glück und summen „I feel good“ vor sich hin.

Wenn Sie Raucher sind, dann rauchen Sie doch eine. Oder wie viele Sie wollen …

Und behalten Sie im Hinterkopf, wie toll Ihr Bild geworden ist. Am liebsten würden Sie allen davon erzählen und herausschreien:

Ja! Ich hab's geschafft. Und mein Chef kann mich mal kreuzweise!

Sie sollten jede Idee, die Ihnen jetzt in den Sinn kommt, notieren. Das ist sehr wichtig. Ideen kommen schnell und gehen auch wieder schnell. Und sie kommen meistens, wenn wir gut gelaunt sind, wenn wir die Langeweile nicht bemerken oder sie sogar genießen. In einer einzigen Stunde können Sie für immer weit weg sein, deswegen ist es wichtig, dass diese Stunde festgehalten wird. Freuen Sie sich Ihres Lebens und schreiben Sie gleichzeitig alles auf, was Ihnen auf- und einfällt. In freudigen Momenten ist der kreative Kopf am produktivsten. Dann bestellen Sie noch einen Galão und lächeln die nette Bedienung an (ist sie nicht hübsch?). Lächeln Sie einfach alle an. Es gibt nichts Besseres auf dieser Welt als lächeln. Für Ihr Lächeln wird Sie das Leben reichlich belohnen und Ihnen viele neue kreative Ideen schenken. Wir bekommen immer das zurück, was wir geben. Einige haben großes Talent und viel Erfolg, aber sie lächeln niemanden an und sind keine einzige Sekunde ihres Lebens glücklich. Michelangelo war so jemand ... Lieber glücklich sein als übermäßig talentiert und verbittert. Das Einzige, was zählt, ist das Leben selbst und nicht das Talent.

Gehen Sie anschließend spazieren, an einem Fluss entlang oder zu einem See, in einen Park oder in den Wald. Spazieren zu gehen, einen Fuß vor den anderen zu setzen, das wirkt sehr inspirierend. Dabei werden Sie wieder viele gute Einfälle bekommen und neue Gedanken werden aufsteigen. Nachdem Sie das alles genossen und aufgeschrieben haben, gehen Sie abends so richtig feiern und lassen Sie die bekannte Sau raus, feiern Sie bis zum Morgengrauen, allein oder mit Freunden, lernen Sie neue Menschen kennen … Und wenn diese fragen, wer Sie sind, sagen Sie immer, dass Sie Künstler sind.

KÜNSTLER!

Auf dem Weg zum Profikünstler

Quatschen Sie nur …

Erzählen Sie allen, wie toll Ihr Bild geworden ist. Nur keine falsche Bescheidenheit! Das Quatschen wird heutzutage immer reichlich belohnt. Hören Sie nur, wie viel die Menschen um uns herum quatschen. Es wird ohne Ende gequatscht. Über alles Mögliche … Das Quatschen ist zum Lebenselixier unserer Gesellschaft geworden, sozusagen ihr Markenzeichen. Wir haben alle etwas zu sagen. Einige mehr, einige weniger. Warum sollte man in dem Café, wo Sie gerade gesessen haben, nicht die anderen Gäste ansprechen? Wer würde es uns übelnehmen? Warum sollten wir nicht erzählen, dass wir gestern ein wunderbares Bild gemalt haben? So kann man zumindest Menschen kennenlernen. Alle warten voller Ungeduld darauf, dass endlich einer den Mund aufmacht. Und vielleicht finden Sie sogar einen Käufer für Ihr neues Bild?

Sprühen Sie vor Begeisterung. Lassen Sie alles raus … Wer zu viel für sich behält, seien es Sorgen oder Freude, gibt den Weg frei für viele Krankheiten. Sprechen Sie über das, was Sie als Nächstes vorhaben. Dieses Quatschen über eigene Pläne ist sehr hilfreich, es wird schnell deutlich, was an Ihren Zukunftsideen unsinnig ist und was gescheit. Das zuletzt Gesagte wird im Kopf gespeichert, es wird dann in Ihnen weiter arbeiten und sich entfalten. Dieses Quasseln ist so eine Art Filter für kreative

Ideen.

Es ist, wie gesagt, ungesund, wenn man versucht, alles für sich zu behalten. Natürlich gibt es viele Menschen, Künstler, die jede Idee streng hüten, damit ja bloß nichts geklaut wird. Doch welche Idee kann man heute eigentlich noch klauen? Jeder würde jedwede Idee auf sehr spezifische, eigene Weise umsetzen. Keine Angst also vorm Erzählen! Teilen Sie sich mit, bleiben Sie immer in Kontakt mit den Menschen, auch wenn sie nicht immer etwas zu Ihren Werken und Plänen sagen. In den Augen eines Gegenübers kann man oft vieles lesen und daraus lernen.

Leben heißt lernen!

Wenn wir aufhören zu lernen, brauchen wir nicht mehr zu leben. Dann sind wir unbewusst schon bereit zu sterben. Wenn Sie also merken, dass Sie nicht mehr willig sind zu lernen, sich etwas Neues anzueignen, ist das ein ziemlich schlechtes Zeichen. Ihr Lebenswille scheint verschwunden. Und dem muss so schnell wie möglich gegengesteuert werden, wenn Sie nicht krank werden oder gar sterben wollen.

Motivation und Muße werden aus der Begeisterung geboren. Wenn wir uns nicht aus uns selbst begeistern können, wer soll es dann tun? In Wahrheit sind wir doch alle selbstverliebt, und genau mit dieser Portion Selbstverliebtheit sollten wir auch unsere eigene Kunst lieben und allen davon erzählen, unsere Mitmenschen motivieren, ebenfalls Künstler zu werden. Nicht alle müssen professionelle Künstler sein, es genügt auch, sich mit Kunst auseinanderzusetzen und sich kreativ zu betätigen. Wenn nur jeder dritte Mensch auf der Welt dies täte, dann hätten wir eine andere, viel bessere Welt. Einfach weil die Kunst den Menschen veredelt. Weil die Auseinandersetzung mit Kunst es vermag, uns selbst zu spüren und uns zu Selbsterkenntnis zu führen. Die schrecklichen Minderwertigkeitskomplexe, unter denen unsere großen Weltpolitiker so fürchterlich leiden und die sie einen Krieg nach dem anderen führen lassen, würden verschwinden. Na ja, die derzeit Mächtigen sind vielleicht schon verloren, aber die künftige Politikergenerationen können wir mit Kunst vielleicht noch retten … Wenn Sie also jemandem begegnen, der jung ist und politisch ambitioniert, sollten Sie ihn sofort mit dem „Virus“ Kunst infizieren, vielleicht ersparen Sie diesem einen Menschen einiges.

Sehr hilfreich ist es, ein Notizbuch über das eigene Künstlerleben zu führen, falls Sie eher ein schweigsamer Mensch sind. All Ihre Pläne, Ihre Freuden, Ihre Ängste, alles nur Mögliche notieren. Als ob Sie mit jemandem Zwiesprache hielten und ihm etwas über sich erzählten. Notizen machen ist ein sehr gutes Mittel, um sich selbst besser kennenzulernen, sich selbst zu verstehen und vor allem die eigene Kunst zu verstehen.

Wir Menschen können nicht ohne Kommunikation leben.

Kunst ist Kommunikation.

Träumen Sie

Ohne Träume gibt es keine Kunst!

Wir Künstler sind Träumer.

Das Träumen selbst ist eine ganz große Kunst an sich, und die muss auch gepflegt und gelebt werden.

In Ihren Träumen muss Ihnen die ganze Welt zu Füßen liegen: erfolgreiche Geschäftsleute müssen sich um Ihre Bilder reißen, Journalisten, Politiker, Anwälte, Ärzte, Stars, junge Menschen. Alle!

Sie sind ein Idol für alle Generationen.

Sie sind der neue Meister.

Vergleichbar einem Popstar.

Durch Sie ist Kunst so populär geworden wie die Popmusik. Ein Dieter Bohlen kauft Ihre Bilder, weil er nicht mehr ohne sie leben kann. Er soll gestern auf RTL gestanden haben, dass Ihre Bilder sein Leben komplett verändert haben.

Aber trotz alledem bleiben Sie ganz cool und machen unbeirrt weiter Ihre Kunst. Mit dem vielen Geld, das Sie verdienen, helfen Sie den Bedürftigen und führen die Reichen an der Nase herum. Und die zahlen bereitwillig Millionen für Ihre Bilder, die manchmal nur aus einigen Farbklecksen bestehen. Weil Sie einen großen Namen haben. Sie erfinden sich selbst immer wieder neu, verbreiten sogar Gerüchte, dass Sie gestorben sind, und tauchen in zwei Jahren wieder aus der Versenkung auf. Sensation pur!

Sie malen Bilder, die die Menschheit verändern. Sie können es sich leisten, die Interviewtermine platzen zu lassen, Sie erscheinen nicht bei Ihren groß angekündigten Vernissagen, obwohl sogar der Bundespräsident geladen war. Das alles lässt Sie kalt, und Sie malen einfach weiter, feiern Orgien und leben so, wie Sie es sich immer erträumten. Fast so wie die Rockstars in den seligen Siebzigern. Sie schmeißen die Fernseher aus den Hotelzimmerfenstern und werden oft mit Drogen erwischt. Jörg Immendorf hat uns vorgemacht, wie so ein Künstlerleben geht.

Skandale, Skandale, Skandale …

Sie werden sogar inhaftiert, aber Ihr Top-Anwalt und das große Geld machen alles möglich: Sie kommen wieder frei. Auf Kaution, versteht sich. Die Presse hat nichts anderes zu tun, als über Ihre Eskapaden unermüdlich zu berichten. Die Nachrichten, in denen Sie die Hauptrolle spielen, sind wichtiger als alle Naturkatastrophen in der Dritten Welt. Sie kommen sogar in der heiligen „Tagesschau“ vor.

Doch irgendwann bekommen Sie eine Krise, eine Schaffenskrise, und dann eine Lebenskrise. Sie wissen nicht mehr weiter.

Das war’s, Sie können nicht mehr malen, ausgelaugt und fertig sind Sie mit allem!

Sie gehen ins Kloster irgendwo in Asien zu einem spirituellen Meister, der Ihnen erklärt und vorlebt, was wichtig ist im Leben. Ein Guru, der in Wirklichkeit aber nur ein Spinner ist, wie Sie schnell merken. Was haben der Erfolg und das große Geld mit Ihnen nur gemacht! Sie haben sich kaufen lassen, auch wenn das Ihrer Kunst nicht geschadet hat. Aber menschlich gesehen kommen Sie einfach nicht mehr weiter.

Nach einem Jahr fühlen Sie sich besser und kommen wieder zurück ins Land.

Schon wieder eine Sensation:

Der verloren geglaubte Sohn kommt zurück. Sie sind wieder überall präsent, alle wollen Sie sehen, man hört Ihnen gerne zu, und Sie schlagen erneut zu, erzählen (bei Markus Lanz) den Menschen von Ihren neuen Erkenntnissen und malen völlig neue Bilder. Die Kritiker geben zu, dass die neuen Bilder die absolute Revolution in der Kunst sind. Und das alles geschieht noch zu Ihren Lebzeiten!

Sie können auch anderes träumen, wenn Sie solch wilde Phantastereien nicht mögen. Der Phantasie sind ja bekanntlich keine Grenzen gesetzt. Wichtig ist nur, dass Sie den Mut und die Naivität haben, sich Ihre Erfolgsgeschichte zusammenzuträumen. Nichts sollte unmöglich sein.

Wenn nur zehn Prozent dieser Träume wahr werden sollten, wäre das doch großartig? Solche Zukunftsträume sind einfach ein Muss. Nicht, dass Sie ein Träumer werden sollen, jemand, der nur noch in seinen Träumen lebt, aber Träume bereiten uns ein wenig vor auf dem Weg zum Künstler. Vielleicht helfen sie uns auch einfach nur, zu erkennen, was wir wirklich wollen und wozu wir überhaupt imstande sind. Was in uns vorhanden ist, unser

Potenzial, und es zu entwickeln heißt, sich zu verwirklichen. Vielleicht bereiten derlei Träume uns aber auch darauf vor, den möglichen großen Erfolg besser zu verkraften.

An den wir unbedingt glauben sollten!

Reaktionen: Das kann ich auch!

Diesen Satz werden Sie oft hören.

Er ist nicht totzukriegen in Zeiten der modernen Malerei, er gehört einfach dazu. Und bei genauerer Betrachtung ist der Satz, mit dem ja im Grunde ausgedrückt werden soll, dass moderne Kunst keine Kunst ist, nicht so schlimm, wie er auf Anhieb wirkt. Vielleicht zeigt er sogar, dass wirklich alle Menschen Künstler sind, und Kunst nicht auf die eine, sogenannte „große Kunst" reduziert werden kann. Wenn tatsächlich alle können, was ein Künstler kann, dann sind wir Menschen ein großes Kollektiv von Künstlern, auch wenn die meisten davon nichts ahnen. Dieser Satz, aus einer solchen Perspektive betrachtet, kann vielen Menschen das Selbstvertrauen geben, dass sie auch könnten, was die anderen können, mit dem kleinen Unterschied, dass sie es bislang noch nicht gewagt haben.

Es gab große Künstler in der modernen Zeit, die das Malen bis zum Gehtnichtmehr vereinfacht haben, beispielsweise Rothko. Riesengroße Bilder, in zwei Hälften angelegt, Orange und Violett, Schwarz und Blau, Gelb und Rot. Was er kann, kann wirklich jeder. Denken viele Betrachter abschätzig … Ziemlich schlicht, ziemlich einfach umzusetzen, oder? Meistens sind es Werke der abstrakten Malerei, über die solche Urteile gefällt werden. Denn in abstrakten Bildern können die Betrachter häufig nichts Konkretes erkennen, keinen menschlichen Kopf, keinen Baum, keine Vase. Nichts, was auf handwerkliches Können hindeutet. Doch Menschen freuen sich, wenn sie etwas sehen, was sie schon kennen, denn sie strengen sich nicht gerne an, dazu hat vor allem der moderne Mensch keine Zeit. Die meisten zumindest wollen sich nicht unbedingt auf etwas Unbekanntes einlassen. Lieber nutzten sie ihre kostbare Zeit fürs Einkaufen oder sitzen vor dem Fernseher und gucken sich „Das Supertalent“ an.

Das ist eine Tatsache, mit der wir Maler leben müssen. Und es wird mit Sicherheit nicht besser. Ganz im Gegenteil, je technisierter wir werden, desto weniger Einfühlungsvermögen werden die Menschen haben. Aber vielleicht können gerade die Künstler etwas verändern? Eine wunderbare Vorstellung. Die Welt durch Kunst verändern zu wollen – es ist so ein naiver Wunsch und dennoch ein herrlich edler und ehrenvoller. Man muss ein Don Quichotte sein, daran zu glauben, dass in dieser Welt noch etwas zu verändern ist. Zumal mithilfe der Kunst … Aber Träumen schadet ja nie, wie wir im vorigen Kapital festgestellt haben.

Viele Übel der modernen Zeit würden etwas relativiert, wenn Menschen ihren Kunstsinn pflegen und ausbauen würden. Unser überzogener Individualismus, der allzu oft in Einsamkeit umschlägt, die Orientierungslosigkeit als Folge des Wegbrechens von kollektiven Grundhaltungen, die allerdings oft in Ismen mündeten, die gnadenlose Berufswelt mit einem überzogenen Leistungsdruck auf der einen und dem Gefühl eines sinnentleerten, bloßen Funktionierens auf der anderen Seite – alles dies kann durch Kunst ein wenig kompensiert werden.

Wenn also jemand zu Ihnen sagt, das kann ich auch, dann antworten Sie:

„Na wunderbar! Das wusste ich immer, dass Sie es können! Und wissen Sie was? Sie können es eigentlich noch besser als ich. Worauf warten Sie noch? Schnell, Pinsel in die Hand und malen Sie. Verlieren Sie keine Zeit!"

Wer weiß, vielleicht können Sie diesen Menschen wirklich ermutigen, zum Künstler zu werden … Allein damit retten Sie vielleicht einen Menschen. Und das zählt mehr als jedes tolle und hübsche Bild.

Dann sind Sie das Kunstwerk, ein Kunstwerk aus Fleisch und Blut!

Niemals Unsicherheit zeigen!

Einige Menschen können richtig fies werden. Für manche ist dies sogar ein regelrechtes Lebenselixier und sie laben sich förmlich daran, Tag für Tag, Stunde für Stunde, Minute für Minute …

Sind Sie unsicher, ist dies für solche Menschen ein gefundenes Fressen. Sie werden Sie mit ihrer Kritik zu vernichten versuchen. Andere kleinzumachen, liegt in ihrer Natur. Ironischerweise sind sie die Kleinen. Weil sie sich klein fühlen, brauchen sie Situationen, in denen sie sich groß fühlen. Im Kleinmachen der anderen erleben sie eine Macht, die sie sonst niemals haben, und geilen sich daran auf. Lassen Sie die Kritik dieser Kleinkarierten an Sie heran, geben Sie ihnen, was sie suchen. Sie geben ihnen Macht über Sie.

Menschen, die sich immerzu unsicher fühlen, erreichen nichts im Leben. Und eine ständige Unsicherheit lässt jede künstlerische Kreativität und Motivation dahinschwinden. Vom Selbstwertgefühl ganz zu schweigen. Ein Künstler, der mit seiner Kunst ernstgenommen werden will, kann nicht sein Leben lang sagen:

„Nein, ich bin noch nicht so weit! Ich muss noch viel lernen!“

Irgendwann ist Schluss. Tief im Inneren sind wir vielleicht alle unsicher, aber nur dort; nach außen sollten wir alle die neuen Rembrandts und Botticellis sein. Sie sollten Ihre neue oder alte Kunst immer mit den Zähnen zu verteidigen wissen. All die Kritik, die Sie irgendwann hören werden, ist meistenteils Schrott. Je unsicherer Sie wirken, desto vernichtender ist die Kritik.

Die Menschen achten sehr auf Äußerlichkeiten. Manchmal ist es so, dass der Künstler, wenn er nicht selbstsicher genug auftritt, egal wie toll seine Werke auch sind, bei vielen nicht ankommen wird. Ein Hauch Selbstüberschätzung und eine etwas geheimnisvolle Aura sind oft hilfreich. Das hilft uns, uns ein gewisses Image zu verschaffen, ohne das heute in der Kunst und überhaupt in der Kultur gar nichts mehr geht.

Angst vor der leeren Leinwand

Sie können Angst vor wem auch immer haben, aber niemals vor der Leinwand, denn sie ist Ihre beste Freundin und will Ihnen nur Gutes. Eigentlich ist es absurd, dass es diese verdammte Angst überhaupt gibt … Denn diese leere, weiße Leinwand ist eine große Chance, sie mit Leben zu füllen.

Sie können mit ihr anstellen, was Sie wollen. Sie allein entscheiden und nicht irgendeine Behörde oder Ihre Eltern oder Ihr(e) Partner(in). Was wir in unserem sehr schwierigen, aber einzigartigen Leben nicht schaffen, können wir auf der Leinwand umsetzen. Uns jeden Wunsch erfüllen!

Wir können diese leere Leinwand verändern, verwandeln, transformieren, sie zum Leben erwecken.

Wann und wo sonst hat man so eine Chance?

Sogar diese Angst vor der Leinwand könnten wir in Kunst verwandeln und in ein Bild hineinfließen lassen. Einfach die Angst malen.

Diese Angst hat immer mit uns selbst zu tun. Mit der Angst zu versagen. Mit der Angst des Es-nicht-mehr-schaffen-Könnens. Oder der Angst, das früher Gemalte nicht mehr übertreffen zu können. Die Angst, das ist der Erfolgsdruck! Unsere Gesellschaft lehrt uns immer und überall, alles müsse verdoppelt und vervierfacht oder verzehnfacht werden. Sie müssen immerzu besser werden, besser als Ihr Nachbar, als Ihr Kollege, als Ihr Klassenkamerad … Dass diese Mentalität des Höher, Schneller, Weiter jedoch längst an seine Grenzen stößt, lässt sich gerade am Zustand der westlichen Welt sehr gut ablesen. Nicht nur an der hochschnellenden Zahl der psychischen Erkrankungen, sondern auch an den Grenzen und Problemen der westlichen Wirtschaft mit ihrem Credo des ungebremsten Wachstums. Im Grunde genommen weiß doch jeder, dass der Gipfel längst überschritten ist.

Diese Versagensangst… ein fürchterliches Gefühl, das jeder professionelle Künstler kennt. Das ist Lähmung pur. Sie darf auf keinen Fall Wurzeln in uns schlagen, sonst wird sie sich in jedem Bereich unseres Lebens bemerkbar machen. Doch wenn sie da ist, dann ist sie da. In solchen Momenten geht für einen Künstler buchstäblich die Welt unter, man glaubt nicht nur, dass man nicht mehr malen kann, sondern es werden auch die schon vor Jahren entstandenen, bislang als perfekt und unantastbar wahrgenommenen Werke plötzlich in Frage gestellt. Alles sieht auf einmal leblos und langweilig aus. Plötzlich wird alles so sinn- und bedeutungslos. Was früher wichtig und heilig war, erscheint unvollkommen, blöd und lächerlich. Die hellen Farben bekommen plötzlich tristere Töne.

Was kann das bloß sein?

Es gibt nur eine Antwort: eine Schaffenskrise!

Eine Pause muss her. Sie sind einfach ausgelaugt. Können nichts mehr produzieren. Keiner weiß, wie lange sie gehen wird, diese Krise. Tage. Wochen. Monate sogar …

Aber irgendwann werden Sie explodieren wie eine Atombombe. Die Impulse kommen dann meist von allein, vielleicht beim Fernsehen oder beim Sex oder auch beim Einkaufen. Vielleicht auch auf der Toilette. Gänzlich unerwartet. Eines Tages werden Sie brüllend wie ein Geisteskranker zu Stift und Papier greifen und anfangen, irgendetwas zu kritzeln. Dann wird diese Kritzelei auf die Leinwand überspringen, und Sie werden merken, wie gut Ihnen diese sogenannte schöpferische Pause getan hat. Die Werke, die jetzt folgen werden, werden ganz anders sein als die früheren. Viel, viel besser!

Aber erst einmal stehen Sie vor dieser leeren Leinwand und sind wie gelähmt.

Dann gehen Sie doch mit Freunden feiern, feiern Sie sich die Seele aus dem Leib, vergessen Sie die Kunst, feiern Sie und zwar so heftig, dass Sie den Rausch mehrere Tage lang ausschlafen müssen. Benebeln Sie erst einmal Ihren Kopf.

Damit etwas Neues geboren werden kann!

Wenn ein Bild nicht gelingen will

Davor ist niemand sicher. Jeder große Maler hat schon mal Leinwände zerstört, zerstückelt, zersägt. Michelangelo soll beim Ausmalen der Sixtinischen Kapelle beinah verrückt geworden sein und hat die fast fertigen Motive mehrmals übermalt und zerstört. Es gibt Leinwände, die einfach nicht wollen. Man macht nichts falsch, man bemüht sich und probiert alles aus, es will aber einfach nicht klappen!

Wenn das Bild nicht gelingt, dann sollte es schlicht und einfach übermalt werden. Aber nicht gleich damit anfangen. Erst warten. Gras darüber wachsen lassen. Das angefangene Bild verstecken, damit man es nicht jeden Tag sieht, und irgendwann, wenn dieses unfertige Bild völlig in Vergessenheit geraten ist, dann öffnen Sie, Sesam öffne dich, die Tür. Sie werden jetzt das Werk mit ganz anderen Augen sehen und vielleicht sofort eine Idee zum Weitermachen haben. Wenn trotzdem nichts hilft, dann gibt's nur eine Lösung:

Übermalen!

Es ist eine Angelegenheit, die reinigend wirkt und Kraft gibt, nicht immer leicht zu bewerkstelligen, aber lohnend. Dadurch löst sich etwas in uns, eine Art Blockade vielleicht. Man braucht zum Übermalen einen großen Mut, aber der ist für uns Kreative ohnehin das wichtigste Werkzeug. Nichts ist schlimmer, als mit Angst im Herzen zu malen. Das sieht man den Bildern an. Ohne Mut wird niemals etwas Gescheites entstehen. Es hilft, stets mit folgenden Gedanken im Hinterkopf vor der Leinwand zu stehen: *Vielleicht sterben wir schon morgen, deswegen können wir doch machen, was wir wollen? Jeder Tag könnte der letzte sein, unser letzter Tag auf diesem Planeten …*

Hat man da nicht Lust, alles ausprobieren, wonach einem ist?

Bilder, die mutig und tatkräftig übermalt wurden, bekommen eine ganz eigene, sehr interessante Struktur. Doch hin und wieder gibt es Leinwände, die sogar mehrere Male übermalt werden und trotzdem nicht gelingen. In solchen Fällen die Leinwände zerstören! Sie müssen einfach weg. Auch hierfür brauchen wir wieder Mut. Interessanterweise zieht man aus dem Akt der Zerstörung eine gewisse Befriedigung, wie sie sich sonst nur bei einem gerade fertig gestellten Meisterwerk einstellt. Ein nicht werden wollendes Bild gegen eine Wand zu schlagen hat außerdem etwas Wildes und Bohèmeartiges, es wirkt wie ein Befreiungsschlag, von denen es in unserer sterilen und kontrollierten Welt immer weniger gibt, die wir Künstler uns aber verschaffen sollten. Schließlich sind wir, die wir uns für ein Leben als Künstler entschieden haben, Künstler und keine gelackt-geleckten Designer und sollten die alten wilden Traditionen nach Möglichkeit fortsetzen. Am besten wäre es natürlich, wenn man solche „verhexten“ Leinwände verbrennen würde, aber dafür bräuchte man viel Platz und einen Ort, wo es ungefährlich ist, zum Beispiel auf dem Lande oder in einem großen Garten. Solche Aktionen vergisst man niemals mehr im Leben. Sie sind so etwas wie ein Ritual. Und Rituale sind immer eine Bereicherung im Leben eines Künstlers. Eine solche Performance könnten wir Künstler gerne auch als Gemeinschaftserlebnis gestalten. All die nicht gelungenen Bilder gemeinsam in der Gruppe verbrennen und anschließend die wildeste Künstlerparty aller Zeiten! Natürlich festgehalten mit einer hoch auflösenden Digitalkamera.

Wir Künstler sind regelrecht dazu verpflichtet, alles im Leben etwas anders zu machen als unsere „normalen" Mitmenschen. Daher finden wir auch viel mehr Aufmerksamkeit, als wir gemeinhin denken. Ein Blick in die Geschichte zeigt, dass Künstler durchaus ganze Epochen geprägt haben, denken Sie nur an die Renaissance, eine Epoche, die mehrere Jahrhunderte umfasste und von Künstlern dominiert wurde. Auch heute haben die Mächtigen der Welt ein Augenmerk auf den Künstlern, sie sprechen nur nicht darüber. Natürlich sind es heutzutage eher die Musiker, die großen Einfluss haben, weil jeder, wirklich jeder Mensch Musik hört, aber man kann nicht immer alles haben. Wir haben uns für die Malerei entschieden, und das ist auch gut so!

Die Tage des Zweifelns

Dass Menschen, die ein Leben als Künstler führen, zu Depressionen neigen, ist kein Geheimnis. Davor ist keiner von uns sicher. Es gibt manchmal Tage, da hilft gar nichts mehr, weder Kunst noch Alkohol noch Liebemachen. Besonders an grauen Wintertagen und einsamen Sonntagen, die im wenig emotionalen Nordeuropa schreckliche Angelegenheiten sind. Alle Läden haben geschlossen, die Menschen langweilen sich zu Tode, und diese Stimmung springt auf uns über, auch wenn wir unser vertrautes Heim nicht verlassen. Alles ist grau und trostlos. Und wir fragen uns:

Wer braucht, verdammt noch mal, meine Kunst?

Nichts und niemand kann uns mehr Trost geben.

Wir sind einfach ausgeliefert!

Alles halb so schlimm! Solche Tage muss es auch geben. Auch sie haben ihre Berechtigung, und vielleicht fühlen wir uns nur deshalb so deprimiert und melancholisch, weil wir eben empfindsamere Menschen sind als die anderen um uns herum. Unser mürrischer Nachbar ist es offenbar nicht. Nein, niemals, er doch nicht! Obwohl, wer weiß, vielleicht sind die anderen, wenig kreativen Menschen noch melancholischer als wir, nur – sie geben es nie zu. Statt kreativ zu sein, sitzen sie nur vor dem Fernseher oder Computer, und irgendwann drehen sie durch. Vielleicht würden sich sogar viele Menschen, die Opfer von Amokläufen und anderen Gewalttaten geworden sind, heute noch ihres Lebens erfreuen, wenn all die Durchgeknallten Künstler geworden wären?

Natürlich ist es nicht besonders alltagstauglich, allzu viele sensible Seiten zu haben, aber andererseits ist das der Stoff, aus dem die Träume eines Künstlers sind. Wir sind ja Künstler geworden, weil wir in unserem nicht immer gerechten kurzen Leben auf besondere Weise fühlen und nicht einfach alle Gegebenheiten nur hinnehmen. Wir denken viel nach, und was dabei herauskommt, ist nicht immer rosig und hoffnungsvoll. Hätte Munch keine Depressionen gehabt, gäbe es sein berühmtes Bild *„Der Schrei"* nicht.

Aber diese niederdrückenden Tage werden auch ein Ende haben, so wie alles andere im Leben ein Ende hat (außer der Wurst natürlich!). Man muss sich stets ins Bewusstsein rufen, dass eine solche Phase bald vorüber sein wird, und man sollte wenn möglich ganz entspannt auf das Licht am Ende des Tunnels warten. Was heute ist, kann morgen nicht mehr sein oder muss anders sein. Ein Naturgesetz!

Die beste Möglichkeit, wieder auf Trab zu kommen, ist, Biographien und Lebensläufe anderer Künstler, Schauspieler oder Sportler zu lesen. Sich von ihnen inspirieren zu lassen, auch wenn man weiß, dass über die Hälfte dessen, was in den Büchern steht, übertrieben ist. Lassen Sie sich anstecken vom Schicksal der Legenden! Lesen Sie, wie diese Herrschaften es geschafft haben, trotz aller Widerstände erfolgreich zu sein und hochangesehen. Man kann viel von ihnen lernen. Wenn die es geschafft haben, dann schaffen Sie es auch. Alle diese erfolgreichen Menschen waren schließlich auch nur aus Fleisch und Blut.

Oder schauen Sie sich die heroischen, energiegeladenen Filme aus alten Zeiten an, die stecken uns an mit ihrer Kraft und geben uns das, was wir in den folgenden Tagen dringend brauchen werden: Energie!

Es sind die Helden der Vergangenheit, die wir uns zum Vorbild nehmen sollten, nicht die degenerierten „Stars" aus den heutigen Fernsehsendungen. Denn jeder weiß, dass diese regelrecht gezüchtet werden, und es stellt sich das genaue Gegenteil von dem ein, was beabsichtigt ist: wir verlieren jede Energie und jede erdenkliche Lust, Kunst zu machen, und jede Motivation, überhaupt einen Sinn darin zu sehen. Der einzige Impuls, den man spürt, ist, sich mitverblöden zu lassen.

Es geht irgendwie immer weiter

In welchen Problemen wir auch immer feststecken, wir sind Menschen, und für jeden Menschen zeichnet sich irgendwann eine Lösung für sein Problem ab. Wir bekommen stets neue Chancen. Nach jeder Krise.

Wir wissen nicht, wer über unser Schicksal entscheidet, ob das der liebe Gott ist oder irgendeine Energie, ein Geist oder Mutter Natur, aber eins ist sicher:

Er, es oder sie meint es gut mit uns.

Wenn wir mit dieser Kraft kooperieren und ihr vertrauen, dann werden wir und diese Kraft Freunde. Und ein Freund wird uns immer zur Seite stehen. Dieser Freund wird immer dafür sorgen, dass wir unsere Krise überwinden und eines Tages voller Energie und Elan weitermachen können. Natürlich müssen wir auch selbst etwas dafür tun. Wichtig ist, dass man dran bleibt, dem Leben vertraut und Prioritäten setzt. Zeiten schöpferischer Pausen, also Zeiten, in denen man weniger Kunst macht, braucht man nicht unbedingt dafür zu nutzen, im Job Überstunden zu machen oder sich dem Nichtstun hinzugeben und sich dabei vor dem Fernseher eklige Chips reinzustopfen – nur weil man gerade die Zeit dazu hat. Auch schöpferische Pausen müssen schöpferisch genutzt werden. Was gibt es Besseres als lange Spaziergänge in der Natur? Oder einfach Sport treiben (Bewegung unterstützt das Aufsteigen guter und kreativer Gedanken), die besagten Künstlerbiographien lesen, ins Museum gehen und die Meisterwerke vieler unserer unsterblichen Vorbilder oder Kollegen genießen, ein Tagebuch führen und Gedanken aufschreiben. Egal um welche künstlerische Krise es sich handelt, unser Gedankenstrom versiegt nie, ob wir es wollen oder nicht, Gedanken sind immer da. Sie erzählen uns insgeheim, wie es weitergehen soll, was als Nächstes zu tun ist, und so weiter und so fort.

Wir müssen darauf achten, dass wir ständig in Verbindung mit uns selbst stehen und unser Unbewusstes wahrnehmen. Denn dort entscheidet sich immer, wie es mit uns weitergeht.

Vielleicht ist das die Brücke zum Glück?

Wer sind die Künstler?

Wenn ein Genie in seinen Memoiren beschreibt, dass seine Eltern immer dagegen waren, dass er wurde, was er immer werden wollte, dann urteilen wir sehr hart über diese Eltern, denken: was für spießige, ignorante Menschen … Aber wenn es um die eigene Tochter oder den eigenen Sohn geht, dann sieht die Sache anders aus. Dann reagieren wir oft genauso wie diese Eltern:

„Was? Du willst Kunst studieren? Kommt nicht in Frage!“

„Lerne lieber was Anständiges und lass die Finger von dieser brotlosen Kunst!“

Eine Schande!

Doch die Welt braucht Künstler und nicht nur Manager.

Künstler sind nicht nur Menschen, die mit Farben oder Tönen umgehen können. Das wäre zu einfach. Künstler sein hat etwas mit der Einstellung zum Leben zu tun. Künstler sind das Gewissen der menschlichen Gattung. Die Gesellschaft sollte sie auf Händen tragen, und jeder Papi und jede Mami müsste glücklich und stolz sein, wenn plötzlich die Tochter oder der Sohn verkündet:

Ich möchte Künstler werden!

Künstler haben eine sehr gesunde Einstellung zum Leben, sie gehen behutsamer mit der Natur um als alle anderen Berufsgruppen, sie machen sich

Gedanken über die Verschmutzung der Umwelt, sie sind gleichzeitig auch Philosophen, sie haben Sinn für Schönheit, für Ästhetik und können besser beobachten, was in unserer Welt geschieht. Sie sind rebellisch. Künstler können meistens gut kochen und sind keine Langweiler wie viele Geschäftsleute, die nichts als Zahlen im Kopf haben.

Und – das haben mehrere Studien ergeben – Künstler sind die besseren Liebhaber! Künstler können genauso wohlhabend werden wie Angehörige anderer Berufsgruppen. Sogar richtig reich, wenn der Erfolg kommt.

Kunst heißt Leben!

Sich mit Kunst zu beschäftigen ist eine große Freude und verlängert unser Leben. Bedenken Sie, dass Michelangelo, auch wenn er ein so unglücklicher und schrulliger Mensch war, über neunzig Jahre alt geworden ist, und das in einer Zeit, in der die Menschen meistens jung gestorben sind. Oder Picasso, Monet, Dalí, de Kooning, da Vinci, Miró, sie haben alle ein hohes Alter erreicht. Die meisten Künstler haben ein sehr interessantes und wildes, erfülltes Leben gehabt, denken Sie an Picasso. Der gute Mann hatte noch in hohem Alter junge Geliebte. Diese Künstler wurden geachtet, und Dalí wurde sogar dafür bezahlt, dass er auf Partys erschien.

Liebe Eltern:

Vielleicht verspüren Sie ja einfach nur Neid gegenüber Ihren Kinder und wollen deshalb nicht, dass diese ihren beruflichen Traum verwirklichen?

Das wäre aber sehr kleinlich. Neidisch auf die Zukunft der eigenen Kinder zu sein! Überlegen Sie also gut, wenn es um die Zukunft Ihrer Kinder geht. Machen Sie sich nicht lächerlich, gönnen Sie Ihren Kindern das Glück und ein langes, erfülltes Leben!

Manchmal ist es einfach Glück oder auch Pech

Van Gogh hatte kein Glück, während seine Zeitgenossen Monet oder Renoir ein Bild nach dem anderen verkauften und viele Aufträge bekamen, Picasso schwamm im Glück. Und Dalí hatte das Glück erfunden. Warum? Weil sie nicht nur gute Künstler, sondern auch perfekte Verkaufs- und Werbestrategen waren. Mit einer Prise Glück natürlich, zur richtigen Zeit am richtigen Ort zu sein. Van Goghs „Glück" dagegen war, dass er zu früh starb, genauso wie John Lennon. Oder Elvis Presley. Der frühe Tod hat allen dreien zu einem legendären Ruf verholfen, wie makaber das auch klingen mag. Ein lebendiger 75-jähriger fetter Elvis wäre nicht das gewesen, was der tote junge Elvis bis heute ist. Schon verrückt! Wir Menschen sind eben seltsam.

Glück brauchen wir einfach in unserem Leben, genauso wie die Liebe.

Und wir finden es natürlich auch in der Kunst. Indem wir sie schaffen und sie immer wieder mit neuen Augen sehen. In den verschiedenen Prozessen, die insbesondere wir Profi-Künstler ständig durchlaufen. Indem wir leben und jeden Tag bewusst genießen. Indem wir niemals die Hoffnung verlieren, aber gleichzeitig fähig sind, das ganze Theater um uns herum sehr realistisch einzuschätzen. Indem wir weinen, schreien, uns freuen und das alles auch nicht verstecken, sondern zeigen. Wie sagte der Chansonnier Jacques Brel? „Ich irre mich lieber, als zu schweigen." Irgendwie und irgendwann werden wir immer belohnt. Wenn man allerdings zu viel Glück im Beruf oder als Künstler hat, dann versiegt das liebe Glück woanders. Alle erfolgreichen Menschen haben schreckliche private Tragödien erlebt, und das viele Geld und der Erfolg waren nichts mehr wert. Das ist allgemein bekannt, und es gibt zahlreiche traurige Beispiele dafür.

Und trotzdem:

Eine Prise, eine winzig kleine Prise Glück brauchen wir alle. In jedem Beruf. Die Anerkennung. Eben so etwas wie zur richtigen Zeit am richtigen Ort zu sein.

Heute sind Kontakte enorm wichtig. Und Kontakte sind nichts anderes als Menschen, Menschen, Menschen ... Rausgehen, kommunizieren, auffallen, quatschen, provozieren. Wenn wir uns zu Hause einschließen, wird uns nie etwas Gutes widerfahren.

Wenn sich dann trotzdem kein Glück einstellt, gibt es immerhin noch eine Hoffnung:

Nach dem Tode endlich anerkannt zu werden.

Dann geht man wenigstens beruhigt ins Jenseits. Schade nur, dass wir das Glück nicht mehr am eigenen Leib erfahren dürfen.

Obwohl ... Wer weiß das schon?

Ja trotz Pech!

Nur wenigen Künstlern gelingt es, aus dem Stand erfolgreich zu sein. Heute ist das vielleicht nur in der Musikbranche möglich, wo eine gecastete 16-Jährige plötzlich einen Megaerfolg verbuchen kann (allerdings nur für drei Wochen). Doch wir Künstler haben einen anderen Weg gewählt. Der Weg ist manchmal steinig. Viele geben nach anfänglichen Schwierigkeiten einfach auf. Das ist traurig, denn diesen Menschen fehlt es offensichtlich an Selbstvertrauen.

Nein, das kommt für Sie nicht mehr in Frage! Das können Sie jetzt unmöglich machen. Sie können von dem fahrenden Zug nicht abspringen, das ist lebensgefährlich und auf keinen Fall zu raten.

Jetzt sind Sie mittendrin, und die Welt wartet auf Sie!

Ihre Verwandten, Geschwister, Eltern, Freunde, Kollegen, alle haben erfahren, dass Sie malen. Und nun wollen sie etwas von Ihnen sehen. Zu Recht. Stellen Sie die Bilder aus und laden Sie alle ein. Die Hälfte Ihrer Gäste wird sowieso nicht kommen, aber das sind Erfahrungen, die man ebenfalls machen muss. Wir sind schließlich alle ein Konglomerat von Erfahrungen … Zu meiner ersten Ausstellung kamen nur fünfzehn Personen. Obwohl ich mehr als hundert eingeladen hatte. Ich hatte natürlich gehofft, dass auch Menschen kommen würden, die ich nicht kenne, man kann nicht immer nur die eigenen Leute einladen, eine Vernissage ist ja schließlich keine Party, auch wenn viele Menschen von Kunstvernissagen genau das erwarten und nur zum Feiern hingehen. Ich war am Boden zerstört, sehr enttäuscht, aber es kam für mich niemals in Frage, mit der Malerei aufzuhören. Ganz im Gegenteil … Ich habe Konsequenzen gezogen, was manche Freunde oder Bekannte angeht, aber die Kunst selbst konnte nichts dafür, dass der Saal leer war und meine Bilder sich langweilten. Man muss einfach dranbleiben und darf nicht zu viel erwarten. Wir müssen einfach weitermalen und alle möglichen Wege gehen, um einigermaßen anerkannt zu werden. Vielleicht muss man im Leben selbst genauso erfinderisch sein wie auf der Leinwand, in unserer heutigen Welt reicht es nicht mehr, sich abzukapseln und in den eigenen vier Wänden geniale Kunst zu schaffen. Das ist das Denken vergangener Jahrhunderte. Heute gelten andere Mechanismen, und jeder Künstler braucht ein dickes Fell. Und dieses Fell kann immer dicker werden, wenn wir unerfreuliche Erfahrungen machen. Durch Niederlagen und die Erfahrungen, die daraus erwachsen, werden wir stark, und das kann unserer Kunst nur zu Gute kommen.

Wir sollten nicht vergessen, dass die Kunst, die er schafft, nur die Hälfte dessen ausmacht, was ein Künstler ist. Der Künstler ist (muss) selbst ein Kunstwerk (sein)! Mit seiner Einstellung zum Leben, mit seinem Alltag und seiner Erscheinung, mit seinen Essgewohnheiten, mit seiner Aura. Viele

Künstler sind hervorragende Köche. Das müssen sie auch sein, wenn sie wirkliche Künstler sind. Gut, es gibt auch große Künstler, die bekennende miserable Köche sind, Niki de Saint Phalle zum Beispiel – aber Ausnahmen bestätigen die Regel, und vielleicht gilt sie auch nur für männliche Künstler (Vorsicht, Ironie …). Fest steht jedenfalls: Kochen ist eine große Kunst. All die farbenfrohen Zutaten, Düfte, Gewürze, das ist alles Phantasie pur ... Wenn wir einmal nicht an der Leinwand stehen, sollte immer etwas in unserem Leben stattfinden, was direkt oder indirekt mit Kunst zu tun hat. Das gilt auch für unser Auftreten. Leider präsentieren sich viele Künstler, genauso wie die Musiker, heute vielfach so, als wären sie Handwerker oder Holzfäller (nichts gegen Handwerker und Naturburschen!). Doch wer soll einem Musiker seine Rockmusik abnehmen, wenn er sich soo „natürlich“ und einfallslos auf der Bühne präsentiert?

Ein bisschen Magie kann nie schaden.

Vielleicht eine Therapie?

„Therapie“ ist für einen gesunden Menschen ein schreckliches Wort. Wir doch nicht! Es sind immer die anderen, die so etwas brauchen, Leute, die weit weg von uns sind. Niemals aber wir!

Eigentlich sind wir alle ziemlich verrückt. Wir Künstler (und nicht nur wir). Verrückt im positiven Sinne des Wortes. Und je verrückter, desto schöner für die Kunst. Die größten Künstler der vergangenen Epochen waren allesamt ziemlich durchgeknallt. Wenn man bis ins Detail wüsste, wie sie wirklich lebten, würden uns wahrscheinlich die Haare zu Berge stehen. Ihr Leben war wahrlich nicht immer gut … Aber wir heutigen Künstler sind anspruchsvoller. Wir wollen als Künstler verrückt und genial sein und zugleich auch etwas vom tobenden Leben um uns herum haben. Also gilt es, uns brav und angepasst zu verhalten, damit ja niemand schlecht über uns denkt und redet und wir dazugehören. So ist der moderne Mensch! Das heutige Leben ist für uns einfach zu schön und zu verführerisch, als dass wir nicht daran teilhaben wollten. Wir leben möglicherweise nur einmal, und unser Leben ist verdammt kurz, es vergeht im Nu, und es nicht voll ausgekostet zu haben, wäre schade. Denn bekanntlich bereuen viele alte Menschen nicht das, was sie gemacht haben, sondern umgekehrt – was sie nicht gemacht haben. Der moderne

Künstlergenius lebt nicht allein für die Kunst. Die idealistischen Zutaten, die einst ein Künstlerdasein ausmachten, reichen uns heute nicht mehr.

Wir wollen viel von der Welt, und zwar richtig viel, weil wir einfach schon zu viel erleben mussten. So viel, dass einige von uns die Unterstützung von Psychologen bräuchten. Damit sind wir nicht allein. Jedes fünfte Kind in der Bundesrepublik geht zum Psychotherapeuten. Und Künstler sind bekanntlich noch empfindsamer als die „anderen". Aber sehr wenige Künstler gehen zu Psychologen.

Die Kunst selbst ist die beste Therapieform. Sie ist unsere Psychologin, sie therapiert unsere Ängste und Gefühle des Unbefriedigtseins, gibt uns Kraft, diesem Wahnsinn, den die Menschen um sich herum geschaffen haben, zu entkommen oder ihn zu bewältigen. Egal was passiert, egal was uns widerfährt, egal was man über uns denkt – wir haben die Kunst und können uns jederzeit zu ihr flüchten. Und sie wird uns nicht enttäuschen, sondern reichlich Glückshormone über uns ergießen.

Letztendlich geht es immer nur um eine Sache:

Dass Sie im Leben glücklich sind und ein erfülltes Leben haben.

Sie sind ein Künstler!

Wenn Sie trotz vieler Rückschläge und Frustrationen in Ihrem Kunstschaffen so lange bei der Stange geblieben sind, ziehen wir doch einen wunderbaren Schluss:

Sie sind tatsächlich ein Künstler!

Wie sagte Joseph Beuys?

Jeder Mensch ist ein Künstler!

Na gut, man mag darüber streiten, aber es kommt nicht unbedingt darauf an, ob andere denken, dass Sie Künstler sind. Sie selbst entscheiden es, mit Ihrem Handeln, mit Ihrer Einstellung zum Kunstschaffen und zur Kunst im Allgemeinen, zu Ihrem Leben. Wenn Sie denken, dass Sie Künstler sind, dann sind Sie es auch.

Ja, Sie sind ein Künstler.

Gratulation!

Lassen Sie sich dieses Wort einfach auf der Zunge zergehen:

K Ü N S T L E R !

Michelangelo, da Vinci, Pisarro, van Gogh, Picasso, das sind alles Ihre Kollegen. Unsere Kollegen. Sie gehören nun zum Club.

Wenn jemand gefragt wird, was er beruflich macht, und antwortet, es sei Künstler, erntet er spontan Hochschätzung. Im Gegensatz zu Menschen, die arbeitslos sind und dies auch ehrlich sagen. Arbeitslose gelten sofort als Looser, Künstler als interessante Menschen. Eine Frage aber wird mit Sicherheit kommen:

„Und können Sie davon leben?"

Es gibt vielleicht nicht einmal tausend Maler in Deutschland, die von ihren Bildern leben können. Aber unser Geist kann davon leben, und das ist auch keine schlechte Nachricht! Fragen Sie Menschen, die ein ansehnliches Gehalt nach Hause tragen, aber todunglücklich sind.

Es soll Menschen geben, die Künstler sind, sich aber nicht trauen, es laut zu sagen. Weil sie denken, sie könnten sich erst als Künstler verstehen, wenn sie davon leben können. So arbeiten sie beispielsweise als Ingenieur und sagen auch, sie seien Ingenieur. Dahinter steckt eine völlig falsche Vorstellung. Künstler sein ist kein Beruf, keine Sache des Geldverdienens, sondern es ist eine Berufung. Aber die meisten solcher Künstler werden immer in ihrem vielleicht sehr langweiligen Beruf bleiben und niemals für ihre Berufung arbeiten. Schade für sie.

Aber sie haben jederzeit die Chance, aus ihrem Brotberuf auszusteigen und sich voll der Kunst zu widmen. Einige werden es wahrscheinlich auch tun, andere nicht. Andere werden sich erst im Rentenalter auf ihre Kunst konzentrieren und immerhin glücklich alt werden.

Besser spät als nie!

Es gibt viel zu tun und enttäuschen Sie die Kunstwelt nicht. Sie wartet auf Ihren Auftritt!

Schaffen Sie das Unmögliche!

Sie sind ein Künstler!

Wiederholen Sie es mehrmals hintereinander oder schreiben Sie es auf ein Blatt Papier, jeden Tag:

ICH BIN EIN KÜNSTLER UND KANN WUNDERBARE SACHEN MALEN!

Was Ihnen auch noch weiterhilft …

Stimulieren Sie Ihren Malfluss!

Wie male ich frei, wenn keine Ideen da sind?

Denken Sie an eine Farbe, an Ihre aktuelle Lieblingsfarbe. Nur an eine Farbe. Malen Sie die gesamte Fläche der Leinwand mit dieser einen Farbe voll.

Kurze Zeit trocknen und wirken lassen.

Malen Sie irgendwo auf der Leinwand einen Gegenstand, an den Sie gerade gedacht haben, in einer Kontrastfarbe. Es muss nicht unbedingt erkennbar sein, um welchen Gegenstand es sich handelt. Hauptsache, Sie wissen es.

Wenn Sie damit fertig sind, beginnen Sie den Gegenstand zu gestalten. Drinnen, draußen, drum herum, völlig egal. Verwenden Sie dabei möglichst viel von der jeweiligen Kontrastfarbe. Malen Sie Kreise, Ornamente, einfache Linien, Punkte, was auch immer.

Jetzt beobachten Sie Ihr Bild, nehmen Sie sich ruhig Zeit dazu, wir haben Zeit.

Mag sein, dass irgendwo auf dem Bild eine Stelle auftaucht, die nach Veränderung schreit.

Verändern Sie diese Stelle.

Jetzt drehen Sie das Bild auf den Kopf und beobachten Sie es nur kurz.

Dann folgen Sie Ihren Impulsen, Sie wissen, was zu tun ist. Ihr Instinkt hat sich mit dem Bild verbrüdert.

Machen Sie anschließend erneut eine Pause und treten Sie einige Schritte zurück.

Ist das Bild an sich stimmig?

Wenn nicht, dann verändern Sie es wieder. Bis für Sie eine in sich geschlossene Welt sichtbar ist.

Jetzt denken Sie an den ursprünglich gemalten Gegenstand.

Möglicherweise ist das der Name des Bildes.

Lassen Sie die Farben zu Wort kommen!

Malen wir jetzt zum Abschluss des Buches zusammen ein Bild.

Was sagen die Farben?

Erst einmal bedecken wir die weiße Leinwand mit einer beliebigen Farbe.

Vorschlag: Wie wäre es mit Rot?

Rot schreit immer. Es ist immer wie ein Yeah, Yeah, Yeah-Schrei aus den wilden Rock 'n' Roll-Zeiten. Mit Whiskey- und Zigarren-Stimme. Es will stets alle überstrahlen. Alle anderen Farben in die Knie zwingen und in Schach halten. Es grenzt fast an Größenwahn.

„Ich dominiere euch alle!"

Verkündet sie, sobald sie sich verbreitet hat. Der King ist da!

Nur die kräftigen Kontrastfarben können ihr das Wasser reichen. Vor allem das Sattgrün.

„Juhu, hier bin ich!"

Dieses Grün kennt seine Vorzüge, es kommt fast immer schleichend und grinsend, wie alle Pflanzen, die ohne jegliche Kontrolle alles nur Erdenkliche überwuchern. Es ist wahrscheinlich die einzige Farbe, vor der das Rot insgeheim Angst hat. Grün kann die so mächtige Rotwirkung im Nu in Frage stellen.

„Hey, nicht zu viel, stopp! Stopp!“, schreit das Rot und befürchtet einen Dominanzverlust.

„Und bitte auf keinem Fall darf es mich berühren, und wenn, dann nur am Rande.“

Das Grün beachtet das Rot nicht, grinst weiter cool und bleibt ruhig, aber immer in Bewegung und sich weiter ausbreitend. Es weiß nur zu gut: Ich beruhige den Betrachter.

„Mich brauchen die Menschen am meisten“, weiß es, besonders in diesen schwierigen, hektischen Zeiten. „Wozu noch mehr Aufregung, die Menschen sind ohnehin schon so überlastet.“

Da kann man dem Grün nur schwer widersprechen.

„Bla, bla, bla …“, meint das Rot, „du warst und bleibst ein Bionadetyp, ich hingegen bin wie ein starker fruchtiger Wein.“

Grün sagt dazu nichts. Früher, in den expressiven Zeiten der Expressionisten, hätte es dazu vielleicht ein leises „Blödmann“ geantwortet und sich zum Kampf bereit erklärt. Aber die Zeiten haben sich geändert. Heute sind wir alle diplomatischer. Selbst die Farben sind es.

Rot weiß, was noch auf es zukommt: Schwarz! Schwarzes, unfreundliches Schwarz. Es verstärkt sogar die dominierende Wirkung des Rot.

„Aber nur die Ränder, wenn ich bitten darf“, ertönt es mit einem seltsamen Befehlston.

Schwarz kommt und füllt die Ränder.

„Ja!“ Das Rot ist zufrieden und gibt noch zu bedenken, dass noch gewisse Aufhellungen notwendig seien. Mit einem Weiß. Und so landen wir beim Pink.

„Pink ist gut. Alles meine Familie."

Aber plötzlich protestiert das Weiß:

„Wenn ich mich mit dem Rot mischen soll, verschwinde ich vollständig. Wenn das Schwarz bleiben darf, dann bitte ich darum, auch berücksichtigt zu werden!"

Das Weiß ist selbstverständlich immer neutral und verletzt niemanden. Eine sehr vornehme Farbe.

„Ha, weiß soll eine Farbe sein? Dass ist nicht lache. Weiß ist doch gar keine Farbe."

Oh, wer war denn das? Etwa das Rot?

Nein, das Pink war das, mit einer Knallstimme. Scheint so, dass es im Sinne des Rot spricht und handelt. Zwei Verbündete. Aber auch das Grün gibt etwas von sich:

„Nö, weiß kommt überhaupt nicht in die Tüte, es macht uns doch alle nur schwach."

„Aber, aber … Meine verehrten Freunde. Wir sitzen alle in einem Boot", verkündet das Weiß, „hier ist für alle Platz."

„Es kommen bestimmt noch die anderen und der Platz wird immer knapper", befürchten einige. Und sie haben Recht. Das Spektrum wird immer breiter. Aus heiterem Himmel taucht das Tiefblau auf und verdrängt das Schwarz. Von der eigenen Frische und Reinheit völlig überzeugt. Die Ozeane und der Himmel sind auf seiner Seite. So verstummen augenblicklich alle. Es ist so, als hätte das Blau eine Prise Wahrheit mit ins Boot geholt, und sie verbreitet sich rapide. Wie wenn aus einem Morgenrot plötzlich ein heller Tag wird. Niemand kann das Blau stoppen.

„Autsch!“, beschwert sich kurz darauf das Grün und wird schnell aus der Fassung gebracht. Nur zu gut weiß es, dass sich die beiden nebeneinander nur schwer vertragen werden.

„Ich will doch gar nicht zu dir, reg dich ab … Da will ich hin, zwischen die beiden.“

Damit meint das Blau das Pink und das Schwarz.

„Was?“ Pink protestiert, „aber nur, wenn das Gelb uns vor ihm schützt!“

Unter „Schutz“ versteht es so eine Art Umrandung, einen „kleinen Grenzstreifen.“

Niemand hat etwas dagegen. Das Gelb reist schnell an und baut seinen Posten auf. In einem Niemandsland, und es hat noch eine kleine Bitte:

„Ich habe mich neulich verliebt.“

Wow! Applaus von allen. So laut, dass selbst das eingeschlummerte Weiß erwacht: „Wer ist der Glückliche?“

„Na ja … es ist jemand, den ihr alle gut kennt und den ihr in der letzten Zeit viel zu selten zu Gesicht bekommt. Dabei so charmant …“

„Foltere uns doch nicht, na, sag schon!“ Alle sind neugierig.

„Türkis“, gibt das Gelb endlich preis.

Na, wenn das so ist …

Alle sind einverstanden. Beansprucht doch das Türkis nie viel Platz und außerdem verstehen sich alle gut mit ihm. Außer dem Pink, seine Freude ist minimal bis gar nicht vorhanden. Früher standen sich die beiden sehr nah, in den seligen 70ern und 80ern. Die 90er besiegelten das Aus für diese zwei damals so dominierenden Farben. Das Grau verdrängte sie vom Thron und von da an vertrugen sie sich nicht mehr, gaben sich gegenseitig die Schuld und haben schon lange kein Wort mehr miteinander gewechselt. Und jetzt sollen sie in unmittelbare Nähe zueinander rücken? Wie soll das gehen?

Auch anderen schlägt die Vorstellung auf den Magen, die Zeiten der Freundschaft von Pink und Türkis sind endgültig vorbei. Es soll den beiden nicht allzu viel Platz eingeräumt werden! Popart ist längst tot! Aber da ist noch das Weiß, der Vermittler … Es opfert sich, damit die Harmonie nicht gestört wird, und verschwindet dabei selbst gänzlich. Ihm macht es aber nichts aus. Es weiß nur zu gut um seine elegante Erscheinung.

Das Weiß wird eine unsichtbare Brücke zwischen den beiden zerstrittenen Farben spannen, indem sie mit seiner Hilfe sanft ineinander übergehen. Vielleicht sogar, ohne dass sie es selbst merken. In milchiger Form.

Einer beobachtet das ganze Treiben sehr aufmerksam: das Schwarz!

Es äußert sich kaum. Es ist so schwarz und dunkel, dass der Spitzname Unfarbe ihm immer Ehre macht. Das ärgert es aber nicht. Vielleicht weil es sich stets zu behaupten weiß, außerdem fürchten viele, ein kleiner Teil von ihm könnte alles andere bis zur Unkenntlichkeit verändern. Nur das Weiß hat keine Angst. Die beiden teilen den gleichen Geschmack und wissen stets ihren eigenen Wert zu schätzen. Miteinander kommen sie ebenfalls gut aus. Ohne jeden Schnickschnack der zickigen leuchtenden Kollegen. Sie haben sowieso ihren festen und unbestrittenen Platz im Olymp der kreativen Spielereien der Menschen, wie z. B. in schwarzweißer Fotografie, da brauchen sie keine weiteren Farben, und sie fühlen sich sehr wohl dabei.

Auf einmal, mitten in der Frage, wohin nun die Reise gehen soll, taucht das Braun auf.

„O nee!“, klagen die Farbigen.

Das Braun löst unerfreuliche Assoziationen aus und wird immer benachteiligt. Es hat es nicht leicht. Seine guten Zeiten sind längst vorbei und das arme Braun ist bereit, freiwillig in Rente zu gehen. Ist es doch in den letzten 30 Jahren sowieso nur noch im Klub der Rentner unterwegs. Aber die Rentner heute, in diesen mageren Zeiten, sind auf Zuverdienst angewiesen, und so taucht es hin und wieder als Minijobber kurzzeitig auf, aber bleibt an der Oberfläche, um dort letztendlich von den anderen verdrängt zu werden. Und es nimmt es gelassen hin, als ältliche und gebrechliche Farbe. Vielleicht die traurigste Farbe aller Zeiten.

Und dennoch:

Trotz allerlei Reibereien scheint es, dass jede Farbe ihren Platz auf der Leinwand gefunden hat. Sogar ganz winzige, undefinierbare Zwischentöne sind durch Fusionen entstanden, und diese Mischlinge freuen sich ganz besonders, wie kleine Kinder im Kindergarten. Als wenn sie den großen, etablierten Farben das Wasser reichen würden.

Selbst das Rot ist inzwischen zufrieden und reicht seinem Erzfeind Grün die Hand. Na, also, geht doch …

Das Pink und das Türkis haben sich ebenfalls versöhnt.

So sind die Farben genauso wie die Menschen, haben ständig Angst um die Zukunft, kämpfen um die gerechte Verteilung und um den eigenen Platz in der Gesellschaft. Wenn aber erst das Bild steht, sind bis auf Kleinigkeiten doch alle zufrieden und leben in Harmonie zusammen. Müssen sie auch, als gute Nachbarn. Und wie im wahren Leben werden manche mehr gesehen und manche weniger. Es kommt ja sowieso auf den Standpunkt des Betrachters an.

Nun sind alle Ungereimtheiten vergessen.

Jede Farbe hat sich mit der anderen arrangiert und alle lächeln einander an.

Ob Schwarz, Weiß, Pink, Rot, Blau oder Braun, Türkis oder Gelb oder sogar Beige und die vielen anderen, die durchschimmern und keinen großen Anspruch haben, alle freuen sich, so großartig ins Bild gesetzt zu sein.

Sie sind einfach da und wirken!

Sie wissen, dass sie Zeiten überdauern und ewig leuchten werden, während der Künstler irgendwann das Zeitliche segnet.

„Durch uns lebst du aber weiter!“

Lassen sie wissen und stoßen auf das vollendete Bild an.

Sie sind beglückt.

Zusammen mit dem Künstler …

Zeigen Sie Präsenz und Selbstbewusstsein!

– Präsent sein ist alles!

– Egal, wie begabt und toll Sie sind, keiner wird auf Sie zukommen, Sie müssen auf die Menschen zugehen. Wenn es sein muss, sie auch stören. Auch Spezialisten schreiben hunderte Bewerbungen, bis sie den Job haben. Belagern Sie die Galerien, bis sie Sie akzeptieren und in ihr Programm aufnehmen.

– Machen Sie überall Werbung für sich.

– Sorgen Sie für eine Internetpräsenz. Legen Sie sich eine eigene Homepage zu, das ist so etwas wie eine elektronische Mappe. Unser Leben ist ohne Internet nicht mehr vorstellbar. Werden Sie Mitglied in virtuellen Galerien, tragen Sie sich in verschiedene Suchmaschinen und Künstlerverzeichnisse ein.

– Lassen Sie eine Unmenge an Visitenkarten drucken und verteilen Sie sie überall.

– Zeigen Sie Präsenz in den sozialen Netzwerken. Ohne sie geht gar nichts mehr und sie sind sogar eine tolle Möglichkeit, Menschen kennenzulernen, die man im realen Leben niemals getroffen hätte.

– Lassen Sie sich etwas einfallen, veranstalten Sie ähnliche Happenings wie Christoph Schlingensief, machen Sie irgendeine Aktion vor dem Bildzeitungsgebäude.

– Provozieren Sie und strotzen Sie vor Selbstbewusstsein!

– Machen Sie Ausstellungen, ob in Galerien oder in Restaurants, Cafés, Hotels und Bücherhallen … Auf Ausstellungen passiert immer etwas. Manche werden dafür Geld von Ihnen verlangen. Zahlen Sie bloß keinen Cent für die eigene Ausstellung, höchstens für die Flyer. Mit der Meinung, dass wir Künstler immer die Deppen sind und draufzahlen müssen, muss endlich Schluss sein. Die Veranstalter sollten uns bezahlen und nicht umgekehrt! Jeder von uns sollte unser gemeinsames Image stärken und nicht immer JA sagen, damit er ausgestellt wird.

– Machen Sie sich einen Namen, legen Sie sich am besten einen Künstlernamen zu, denn mit einem bürgerlichen Namen wie Rolf Mayer (sorry, Rolf!) kommt man als Künstler in Deutschland nicht weit. Je verrückter, desto besser. Entwerfen Sie ein Logo, ein Symbol, das Sie wie ein Talisman begleitet.

– Wenn ein Künstler den Raum betritt, muss das sofort spürbar sein. Schon mit einem ungewöhnlichen Auftritt verschaffen Sie sich Respekt. Denken Sie an den unvergesslichen Salvador Dalí oder an

Friedensreich Hundertwasser, der immer zwei verschiedenfarbige Socken trug. Die optische Erscheinung ist immer wichtig für den Künstler.

– Künstler sein heißt in erster Linie Künstler sein im Leben. Wenn Sie schön verrückte Bilder malen, dann sollen auch Ihre Klamotten sich von denen der anderen unterscheiden.

– Als Künstler hat man es nicht leicht in diesem Land, aber es bleibt uns nichts anderes übrig als zu stören, zu stören und noch einmal zu stören. Zu ergattern, was uns gehört.

– Beweisen Sie der ganzen Welt, dass Sie und nur Sie fähig sind, tolle Bilder zu malen, solche, die kein anderer vor Ihnen gemalt hat.

Der Autor gibt in Hamburg regelmässig Kurse und Workshops.

Aktuell wird Folgendes angeboten:

- Malen Für Paare
- Malen für Familie
- Malen für Firmen
- Malen für Manager
- Malen auf der Hochzeit
- Malen im Rahmen einer Geburtstagsfeier oder -Party
- Kunsttherapie – Mobil
- Workshops zu verschiedenen Themen

Infos und Anmeldung:

www.kunsterlebnisse.com
info@kunsterlebnisse.com
www.facebook.com/Kunsterlebnisse/

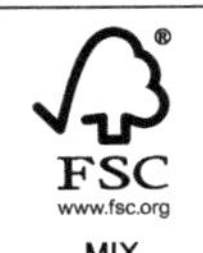